著 者 近 影

常に信の一念にかえる

織田隆深

目次

第一章

第三章

第一章

初出　真成院寺報「観音坂」巻頭言

心の不思議

仏教は仏陀の教え、つまり「真理を悟り迷いから目覚めた覚者（仏陀）」の教えです。神様を信じる宗教とは異なり、自分自身の心に目を向ける内観の教えです。

神様を信じる宗教は、先ずこの世に神様が実在することを信じることから始まります。一神教その神は天地を創造した全知全能の神であり、人間は神によって作られた存在ですから、ひたすら神を信じるのが良き信者とされます。

これに対し釈尊は、神を信じるにしても、その信ずる心はいったいどこから生じるのか、心とは何なのかと考えられたのです。神を信じるのも、また否定するのも心の働きです。釈尊は、あらゆる苦しみの根源は、自分の心にあると気づかれ、更に徹底して心とは何かを追及された。仏教以外の宗教は、自分の外に神を求め信仰しますが、仏教は自身の心の根源を悟ることにより、迷いの原因を明らかにし、それにより心の安定が成就《じょうじゅ》されるのだと説きます。

キリスト教では、人間は、他の生き物とは異なり万物の霊長であると特別扱いにしています。なぜなら神は人間だけに魂を吹き込んだからだそうです。仏教では、仏様から見ればどの生き物もみな平等であることから人間も含め一切衆生といいます。

外面如菩薩《げめんにょぼさつ》、内面如夜叉《ないめんにょやしゃ》という言葉があります。形は人間ですが、われわれの心は条件次第で、さまざまに変化します。心には十の世界があるといいます。各自が勝手に自分中心に行動すれば、迷う心が様々な姿を取り苦しみます。まず地獄、餓鬼、畜生という三悪道を作ります。また争いばかりする修羅道、そして人道、その上に天上界の天道があります。これを六道といいます。これらは六道の世界に迷っている心です。迷う心が六道を構成しているのです。輪廻転生とか六道輪廻という言葉があるように、迷う心は無限に続きます。

しかるに仏陀は、この上に四つの聖者の道があると説きます。声聞《しょうもん》（仏の教えを聞いて悟る）、縁覚《えんがく》（独覚ともいい自分の精進努力で悟る）、この二者は個人的な悟りを得ることができるが、迷える衆生を救うことはできない。その上に菩薩様がおられます。菩薩とは、六波羅蜜の行（布施、持戒、忍辱《にんにく》、精進、禅定、智慧）をおさめ、迷うときは一切衆生とともに迷い、悟る時は一切衆生とともに悟っていく大きな願いを持ったお方です。その上におられるのが仏陀（如来）です。

仏は、地獄の心とも同居でき、餓鬼の心とも同居できます。人間は心が狭いから、いつも腹を立てたり罵り、いやいやながら他の心と同居しているが、仏は心が広くて深いから、そういう心に随順しながら包み込んで、静かで安らかな仏心に変えていきます。われらの心の根底には、このような広くて純粋な分け隔てなく円満に統一するものが流れています。人間の心を概括するとこれらの十種の心が、各自に具わっているのです。

（平成27年5月）

ありのまま見る智慧

十月五日、日本中に朗報が駆け巡った。昨年に引き続き今年も、二人の日本人がノーベル賞を受賞した。物理学賞の梶田隆章教授と医学・生理学賞の大村智《さとし》先生である。

大村先生は、伊豆のゴルフ場の近くの土から採取した微生物の中から、家畜動物の寄生虫駆除に効果を発するエバーメクチンという化学物質を発見され、イベルメクチンという薬の開発に貢献された。この薬はフィラリア症から犬を救っただけではなく、アフリカや中南米で寄年虫によって引き起こされ、重症になると失明の危険があるオンコセルカ感染症の予防に有効で、二億人を失明から救ったとされる。さらに、先生はイベルメクチンの特許権を放棄。世界保健機構を通じ、アフリカや中南米などへ、のべ十億人以上に無償提供された。

一立方センチの土の中には、億単位の微生物がいて、それぞれ働きが違うので、科学者たちは、全国の土を採取して調べ培養している。今後も、どんな発見がもたらされるかわからない、ある意味では宝の山である。

このニュースを聞いて、空海の言葉が思わず口から出た。「**医王の目には、途《みち》に触れて皆薬なり、解宝《げほう》の人は鉱石を宝とみる。知ると知らざるとたれが罪過ぞ**」（『般若心経秘鍵』）。悟った仏（医王）の目から見れば、道端に転がっているものは、皆薬にみえる。ものの価値がわかる人には、石ころも宝と見る。その価値を知ると知らざるは誰の罪であろうかということである。最近までは、土塊の中の菌などだれも見向きもしなかったが、大村先生のように、謙虚に微生物に対して、先入観念を入れず、ひたすら、冷静に、ありのままの姿に接しているうちに、今まで想像もしなかった微生物の働きがわかってきたのである。仏智は、ものの本質を見極める智慧である。分け隔てなく平等に物の価値を見る。人間の知恵のように自分中心の見方をしない。仏智から見れば、ただの野草も、高額の蘭も同じく絶対の価値を有するものである。

大村先生は、「薬を作るのは、微生物がやってくれていることであって、私は見ていただけの話です。まさに微生物のおかげです」と、謙虚な態度で受賞の喜びを語っておられた。先生は、祖母の教えで「人のためになることを考えなさい」といわれていたので、同じ研究をするなら、何か人に役立つことを優先にして研究しようと決められていた。仏教でいえば、迷える人を救う利他行、布施の行、衆生済度の道を選ばれた。智慧（いみじくも先生のお名前は智である）と共に慈悲心のある研究態度である。このような人には黙っていても福徳がついて回る。現に製薬会社からのたくさんの特許料がもたらされた。素晴らしいことには、それを私しないで、研究機関に寄付したり、山梨県の学術研究に寄与されたり、趣味で購入した美術品も美術館ごと韮山市に寄付し、温泉を掘って市民の憩いの場として提供されている。ノーベル賞もさることながら、先生の無私の人柄に、もらうべき人がもらったと共に喜びたい。

（平成27年11月）

自業自得

業は、仏教に因んだ言葉です。業《ぎょう》と書いて、「ごう」と読みます。業はインドの言葉、カルマの訳で、身口意《しんくい》でなす善悪の行為とその結果の総称であり、①これを因として善悪の果報を生じる。②この世における善悪の応報。③善悪業即ち煩悩が身口意の上に行為として働くもの。④理性ではどうにもできない心の働きなどを意味します。自業自得とは、自分の行為の結果は必ず自分で負わなければならないという意味ですが、日常は本来の意味から少しずれた使われ方をしています。ともすれば人を非難するとき、悪いことをした報いで今不幸な目にあっているという意味で使う場合が多い。業は何も悪だけではない。善をなせば善き報いが来ることも間違いない。故に善根を積みなさいというのです。

業は必ず結果をもたらします。すぐ結果を受ける場合もあるし、忘れたころ受ける場合もある。法律の網から逃れても、業の網からは逃れることはできない。天網恢恢《てんもうかいかい》疎《そ》にして漏らさずです。業は悪いことをしてはならない根拠になる法則です。仏教では、七仏通戒偈《しちぶつつうかいげ》で「諸悪莫作《まくさ》、衆善奉行《しゅぜんぶぎょう》、自浄其意《じじょうごい》、是諸《ぜしょ》仏教」と、悪いことはせず、善いことをなし、心を清らかにすることが、仏の教えであると説いています。

仏教は、諸行無常・諸法無我を教えの旗印《はたじるし》にしています。この世は無数の因縁によってたまたま仮に成り立っているに過ぎず、しかも時々刻々変化していて、私という存在も実体がないというと、何か虚無的な消極的な教えではないかと誤解を受けやすい。しかし、それはこの世のありのままの真実の相を言っているだけで、いかに因縁によってできていても、自分には自身を他に任せられない責任がある。この業があるので地に足の着いた信心が成り立つ。なぜなら業果は自分自身が受けるべきものだからです。親でも子の業を代わってやることはできない。業は逃れようとしても逃れられるものではない。業を受けて立つ他、業を乗り越える道はないのです。

現状に不満を持っている人は、常に責任を他に転嫁する。運命が悪い、世の中が悪い、親が悪い、時代が悪い、名前が悪い、方角が悪い、墓相が悪いなどきりがない。しかし、他のせいにしても業が消えるわけではない。業は別の言葉で言えば自分に対する責任感です。我らは一人ひとり、自分自身が生まれた以降の責任だけでなく、先祖の責任も一切負っている。先祖あっての自分自身です。自分あっての先祖です。自分の中に無数の先祖が生きている。今の言葉で言うなら先祖の遺伝子が自分の体に生きている。

たとえその人生が、本当に苦しい、悲しい、虚しいものでも、そういう我らを救って下さる仏の慈悲は、必ず救うぞという責任感を持った本物の祈りです。なぜなら、仏は我らを己身の如く感じているからです。これを本願とも本誓《ほんぜい》とも誓願ともいいます。我らにおいては業ですが、仏においては本願です。寿命のある生死の存在、有限な存在である我らと、それを救う真実の無限なる法（本願）は密接な関係があります。業を感ずるところに仏を身近に感じます。本当は仏様が我々の業を感じていらっしゃるのでしょう。業を通して真の自分自身を自覚することができるのです。

（平成26年5月）

諸行無常ということ

諸行無常《しょぎょうむじょう》という言葉は、日本人なら一度は聞いたことがあると思います。辞書で「無常」を引くと、①常のないこと。定まりのないこと②あらゆるものは生滅・変化して常住でないこと③人の世のはかないこと。人の死をいう。

この諸行無常は、釈尊が説かれた仏教とはどんな教えかを表した有名な言葉の一つです。仏教の三つの旗印《はたじるし》として、三法印《さんぼういん》（諸行無常、諸法無我、涅槃寂静《ねはんじゃくじょう》）が説かれます。この世のあらゆる存在は、常ではない、変化してやまない、留まることなく動いているという意味です。生き物なら、年まれたものは必ず死んでいく。生老病死、物質も永遠不滅ではない、必ず変化していく。当たり前のことだと言われるかもしれませんが、釈尊は極当たり前の道理を覚られたのです。日本は、地震、洪水、台風、津波等、天変地異にみまわれるので、昔から、日本人の心の深いところには、無常感が流れている。東日本の大地震が起きた時も、不幸な状況にもかかわらず被災者たちは淡々として列を作り食料を受け取り、パニックを起こさず助け合った。この光景を見て外国人は信じられないと驚くとともに、日本人の何たるかを知ったようです。これは日本人の心の奥底には、大自然の動きには従うほかないという諦観があるからです。長年仏教によって培われた、静かに現実を観る無常感があるからだと思います。有名な平家物語の巻頭にある文章がよく表しています。

「祇園精舎の鐘のこゑ、諸行無常のひびきあり、沙羅双樹の花の色、盛者必衰のことわりをあらわす。おごれるものひさしからず、ただ春の夜の夢のごとし。たけき者もつひにはほろびぬ。ひとへに風のまえのちりに同じ」

当時の人は栄華を極めた平氏でさえ、はかなくついえ去るのは悲しいことだし、この世はむなしいと感じたのです。

しかし、諸行無常の本来の意味は、この世に存在するものは常でない、変化してやまないということであり、なにも悲しい、むなしいという感情を込めた意味ではありません。この一刻たりとも止まらず変化して動いているのが、この世の真実のあり方であると深く知ることにより、現象に動かされない心が生まれる。天災のような不可抗力なものもあるが、なにも悲しいことだけではない、嬉しいこともある。自分の努力によって良いほうに変わることもある。いつまでも貧乏ということもないし、病気で一生苦しむわけでもない。その逆もある。日本人の持っている無常観を積極的に、もう一度現実を見直すことが、釈尊の覚られた世界に導いてくれるのです。生老病死をありのままに深く知ることが、その苦しみから解脱できる道であると仏陀は説かれました。

（平成28年2月）

般若の智慧

般若《はんにゃ》という言葉を、皆さんは目にされたことがあると思います。『般若心経』はよく読経されたり写経される有名なお経ですが、この般若とは、インドの言葉サンスクリットのプラジュニャーの音写で、智慧という意味です。智慧という言葉は、知恵と書く場合もありますが、仏教でいう智慧は、ものごとを知るという表面上の知恵ではなく、物事の本質、真実を知る意味で使います。我らの知識ではなく、仏智です。

一神教や多神教は神に対する真摯な信仰心に重きを置きますが、仏教は真実を見極める智慧を重視します。そういう意味では、仏教は「智慧の宗教」と呼ぶことが出来ます。釈尊の悟られた般若の智慧は、仏教のあらゆる教理の根底に流れています。この智慧を頂くことが成仏への道筋でもあります。この智慧は、あらゆる迷える生きとし生けるものを、最後の一人まで救わずにはおられないという大慈悲心に裏づけされています。自分だけ悟ればいいというものではありません。般若の智慧を得られた仏

（仏陀）は、サンスクリットのブッダの音写で、目覚める、覚者という意味で、真実の相をありのままに悟った、自覚した人という意味です。自覚そのものが般若の智慧によるものです。

例えば、われわれはなぜ四苦八苦(*)の苦しみに悩むのかという問題に対し、釈尊は智慧を以て先ず苦の現実の相をありのままに見つめられ（苦諦）、その結果、苦をもたらす原因（集諦《じったい》）を明らかにされました。それは真実を知らぬ無明煩悩という愚痴、飽くことを知らない渇愛《かつあい》、むさぼりの貪欲《とんよく》、思い通りにいかないと腹を立てる瞋《しん》恚《に》等、貪瞋痴の三毒の煩悩から発していることを覚られ、この迷いの原因である煩悩を深く知ることにより、苦を滅するに到る道（道諦）も自ずと開けてくるのです。これが八正道《はっしょうどう》です。苦が消滅すればそこに安らぎの寂静《じゃくじょう》の悟りの境地（滅諦）が現れます。これらはみな智慧の働きによるものです。この四つの諦（真理）は、釈尊が最初に説かれた教えの一つです。

釈尊は、人生の根本問題に対して、極めて冷静に道理をもって説いておられます。神様の奇跡による救済は説かれておりません。それはみな真実を見る智慧から生じています。この智慧を「如実知見《にょじっちけん》」とか「如実知自心」といい、プラスにもマイナスにも振れない、ありのままに映し出す鏡のような純粋な心の働きとして表現しています。理想を掲げたり、神に恩寵を願うことでなく、生を生、死を死、愚かなものを愚かなものと、私心を入れず現実のありのままの相《すがた》をそのまま見ることが仏陀の智慧、般若の智慧です。しかも、この智慧は、われわれに生まれつき具わっていて、普段は、自分中心の意識が働きますが、その奥には寝ても覚めても常に仏智、般若の智慧が働いています。素直に自分を見るなら、いつでも開けてくると仏陀は説かれています。

ちなみに、恐ろしげな般若の面は、昔、般若坊という能面師が、女性の嫉妬心を表現した故事からきています。仏教でいう般若とは何ら関係がありません。

＊四苦八苦…生・老・病・死の四苦と怨憎会苦《おんぞうえく》（憎いものと会う苦）、愛別離苦（愛する者と別れる苦）、求不得苦《ぐふとくく》（求めても得られない苦）、五蘊盛苦《ごうんじょうく》（現実を構成する五つの要素そのものが苦をまねく）の四苦を加え八苦という。前四苦は生まれつきの身体に伴う苦、後者は心に伴う苦。

（平成24年8月）

大慈悲心

前号で、智慧（般若）について述べましたが、智慧と慈悲は不可分のものです。仏様は、智慧によって、われらの迷いに苦しむ姿をありのままに知るが故に、何とか救おうとされます。これを慈悲といいます。詳しく言うと、慈（マイトリー）は他者に利益や安楽を与えることで、悲（カルナー）は他者の苦しみを自分の苦しみとして、苦を抜いて救おうとする思いやりの心で、あわせて抜苦与楽といいます。慈は、いつくしみの心、最高の愛情で、悲は人生苦に呻《うめ》き声をあげることを意味します。嘆き苦しんだ人でなければ、苦しみ悩んでいる者を本当に理解し、同感し、その苦しみを癒すことができません。

われらにも慈悲心はありますが、自分に縁のある肉親・知人に限られる底のある限定された悲しみです。仏様の悲しみは、底なしの悲しみで、生きとし生けるもの一切の苦しみをわが苦しみとして、助かる縁のない者こそ救わなければならないと立ちあがられた祈りの心です。

仏様には、衆生を悟りに導く四つの無量の心があります。それは、慈無量心・悲無量心・喜無量心・捨無量心（執着を捨てる、好き嫌いによる差別のない平等な心）です。この中に、慈・悲に続き「喜」がありますが、これも仏様が、我がことのように幸せを一緒に喜んでくださる心です。キリスト教でも神の愛を説きますが、天にまします全能の神から一方的に恩寵をいただく感じで、同体大悲のような感じではない。愛が憎しみに変わることもあります。だから仏教では愛はあまり良い意味には使われません。渇愛《かつあい》・愛欲は煩悩の代名詞で、貪り・執着のことなのです。

仏教の世界観は、この世は因縁によって成り立っていると説きます。一神教のように、全知全能の神が、六日にしてこの世を作ったとするような、無から有が生ずるような無因説は、因果の道理を無視した邪説として注意しています。原因なくして物や生き物が生まれることはない。この世に存在しているものは皆、無数の因縁によって生まれたもので、複雑な関係性によって成り立っている。仏と衆生であるわれらの関係もしかり、また人間以外の森羅万象すべてとの関係も、我らが信じようが信じまいが、切っても切れない無数の因と縁によって結ばれております。仏様は、仏智をもって我らの中に仏心に等しい純粋な清らかな心があることを知っておられますので、我らを無条件に信じておられます。だから我らが苦しむ姿を見て、他人事とは思えず、何とかこれを救わなければと、我らが身体に感応道交されたのです。仏様から見れば、我ら衆生は赤の他人ではなく、自分自身の一部とみていらっしゃるので、衆生が苦しめば同時に、この苦しみはわが責任であると代わって苦しみを受け、救おうとなされる。これを同体大悲というのです。

静かに自分の心身に目を向けるとき、一刻も休むことなく、嬉しい時も苦しい時も悲しい時も、寝ているときも変わらず、温かい目で我らを信じて下さる、深くて大きな心に気付きます。それは肉親や伴侶の愛よりも深い無条件の信頼の心です。それが仏様の大慈悲心です。

（平成24年11月）

縁起の法

袖すりあうも他生（多生）の縁、縁談、縁起が良い、因縁をつける等々、「縁」という語は、数多く日本語に入っています。

自分を含めた森羅万象が、現在ただ今存在しているのは、それを成り立たせている無数の条件があるからです。これを「縁」といいます。「縁（縁起）」は、仏教の根幹をなす言葉です。釈尊の悟られた真理は、この世は、すべて因縁によって成り立っているという事実です。この世で単独で存在するものは一つもなく、みな無数の関係性によってお互い持ちつ持たれつ存在している。一神教のように、神様がいきなりこの世を創造するような、因果の道理を無視した無因説を、仏教は邪説として退けます。科学は物が存在する因果関係を客観的に追求していきますが、仏教はどちらかといえば、心の関係性を追及していきます。人間はなぜ苦しむのか、なぜ悩むのか、なぜ迷うのか。

釈尊は、この縁起という関係性を、葦束《あし》の喩で示されました。二つの葦束がお互いに寄りあえば立つが、片方が倒れればもう一方も倒れる。お互いに切っても切れない関係性でこの世のものは仮に成り立っている。だから刻々と変化していく。迷い等の原因は、この真実がわからないことにより、自分中心の貪瞋痴の煩悩が生じ、物事のありのままの姿が見えなくなるからです。この世のもののありようは、無数の因縁により起こっていると自覚することが、迷い、悩みから解放される道筋です。この真理を釈尊は悟られ、我らに示されたのです。

自分がこの世に存在しているのは、無数の因縁に支えられているからです。先ず父母の縁から始まり、親戚、兄弟、生きとし生けるもの（動植物）、日本という国、地球、太陽系、銀河系、大宇宙と、無数の因縁により生かされている。自分一人ではとても生きることはできない。どんなものとも関係性がある、どこかでつながっている。この縁起の法を知ることにより、みんなのお蔭で生存しているのだと、多くの因縁に感謝の念が湧いてきます。空海は、何を置いても、父母の恩、国王の恩、衆生の恩、仏恩の四つの恩に感謝しなさいと教えられました。縁起の法は抽象的な理でなく、温かい生きた感情で受け止めないとわかりません。我らをはぐくんでいる宇宙大の縁起の働きに気付くとき、四恩に感謝せざるを得ません。
経典に、「縁起を見る者は法を見る、法を見る者は縁起を見る」「法を見る者はわれを見る、我を見る者は法を見る」と、あります。縁起の法は、仏がこの世に出る前から常住で、変わることのない真実の道理です。真実というものは、我らの迷いを払い、心を清浄にし、豊かにしてくれます。こうしてみますと、「袖すりあうも他生の縁」という言葉の深い意味がおわかりになられることでしょう。一期一会、人との出会いは深い因縁があってのことです。仏様との縁はもっと深い因縁があってのことです。

（平成25年2月）

蓮華について

五月に入って、小寺の鉢植えの蓮華の葉っぱが、そろそろ水面から出てきました。かつて小生が、信者さんと一緒にインド・ブッダガヤを参拝したおり、お釈迦様に何かお供えの花が欲しいなあと思っていたら、目の前にさっと蓮華の花が出てきて驚いたものです。よく見ると、参詣人相手の子供の花売りが勧めたものだったのですが、あまりにもタイミングがよかったので、さすが蓮華の国インドだと、感心したことを思い出します。

蓮華は仏教では悟りのシンボルとされています。『法華経』というお経も妙法蓮華経という名前ですから、蓮華を、悟りの象徴にしたお経と言えます。また『華厳経《けごん》』の世界も、蓮華蔵荘厳世界海と表現しています。極楽浄土の描写には、青、紅、黄、白など、いろんな色の蓮華が水面を覆っているとあり、蓮華の花は、浄土という理想の仏国土の情景を叙述する場合の必須の要素となっています。また、仏像をよく見ますと、明王様以外は、だいたいどの仏様・菩薩様も、蓮華の花の上に、天部の神々は蓮華の葉（荷葉座《かしょうざ》）に乗っておられます。なぜでしょう。蓮華は仏教の智慧と慈悲を象徴している華だからです。

蓮華に備わった三つの特徴を、蓮華の三徳といい、一、淤泥不染《おでいふぜん》、二、種子不失《しゅしふしつ》、三、華果同時《けかどうじ》と表現します。

一の淤泥不染は、蓮華は泥の中に咲いていても、決して泥に染まらないということですが、仏教では、泥をわれらの煩悩に譬え、煩悩がいかに旺盛でも、悲観することはなく、蓮華の功徳は決して煩悩に染まることはない。むしろ煩悩を栄養に変えて、菩提（悟り）の花を咲かせるのだと、教えます。

二の種子不失は、蓮華の種は何年経ても腐らず、咲く条件がそろえば発芽し開花します。大賀一郎博士が、昭和二十六年、千葉県検見川《けみがわ》の縄文遺跡から見つけた蓮の種を、なんと二千年ぶりに発芽開花させました。今では、日本はもちろん、世界各地に大賀蓮が株分けされ、美しい花を咲かせています。これは、今、悟りが開けなくとも、条件がととのえば必ず開花する、つまり縁が熟せば必ず悟りが開けるから、あきらめてはいけないという意味です。

三の華果同時は、普通の花は、咲いて散ってから実を結びますが、蓮華が咲くときは、同時に実も具わっています。因の中に果が同時に収まっているのだから、信心の花が咲くとき結果たる悟りも、同時に成就します。これから悟るのではなく、蓮華自体に悟りの因果が同時に内蔵しているので、仏法を信じるとき、同時に悟りに包まれます。信心と悟りには時間差がないのだということを意味します。

仏教は、われわれの心の奥には、蓮華のように煩悩に染まらない清らかな、仏様に等しい心を生まれつきいただいていることを自覚するよう繰り返し説いております。

ちなみに、一蓮托生《いちれんたくしょう》とは、浄土に往生して同一の蓮華の中に生れることです。

（平成24年5月）

ご真言

人生において、自分の力ではどうすることもできない困難に遭ったとき、私達は神仏に祈ります。日頃からお祈りの言葉に親しんでいれば、そんな時でも、ある程度落ち着いた心でいられます。

お祈りの言葉は、仏教各宗派で異なることは皆さんご存知ですね。浄土宗や浄土真宗では、南無阿弥陀仏という名号《みょうごう》を、日蓮宗は南無妙法蓮華経というお題目を、禅宗では南無釈迦牟尼仏ととなえます。わが真言宗は正式には「おんあびらうんけん」とご真言をとなえます（南無大師遍照金剛は、開祖である弘法大師様に尊敬の意味をこめてとなえるご宝号であり、真言とは異なります）。

真言とは、仏様そのものを意味するとともに、仏を念ずるわれわれの信心を意味します。つまり、真言はわれわれが祈る言葉であり、「この真言を信じとなえるものは必ず救うぞ」という仏様の祈りの言葉でもあります。苦しいときも悲しいときも楽しいときも、いつでも真言を念ずることにより仏様の大きな慈悲の心に包まれます。また、亡くなった人々とも真言を念ずることにより、心の中で語りかけることができます。

真言はなまじ翻訳すると本来持っている深遠な意味が消えてしまうので、インド伝来の発音でとなえる決まりになっています。一見呪文のような感じがしますが、ちゃんと深い意味があります。表面上の意味をいいますと、「あびらうんけん」とは大日如来（真理の法）で、「おん」とは帰依、信じるということです。この真言の深いいわれを詳しく説いたのがお経です。仏菩薩はたくさんおられますが、その数だけご真言があります。しかし、諸仏が生まれてくる根源は大日如来なので、まず真言宗檀信徒としてはこの「おんあびらうんけん」を覚えてください。真成院では法要のとき必ず最後にとなえますので、みなさんも一緒にとなえてください。

真言は、いつでも、どこでも、だれでも、となえることができます。そしてとなえることによりだれでも功徳を頂くことができます。ただし、回数は一、二回ではなく繰り返し連続してとなえてください、これを真言念誦といいます。詳しくはお坊さんに尋ねてください。毎日曜日九時半から観音堂で勤行しておりますので、ぜひ御参加下さい。

（平成19年8月）

加持

真言宗では祈りのことを加持といいます。皆さんも加持祈祷という言葉を聞かれた事があると思いますが、今や本来の意味からかけ離れ、人間の願い事を成就させる現世利益のみが強調されています。弘法大師の説かれた加持とはそのような意味ではありません。大師は「加」とは仏様（如来）の大悲を表し、「持」は衆生の信心を表すと明記されておられます。加はいわば仏様が我らを救おうとする祈りで、非力な我らに大いなる力を与え加えてくださると言う意味で「加」字を用いています。またその如来のお力を私達がそのままありがたく頂き、しっかり持し、離さない信心のことを「持」字であらわしています。

仏様は二十四時間我らを照らしている太陽のような存在ですが、われらは自ら起した煩悩の雲により、なかなか自分が太陽に照らされていることに気づきません。それはちょうど私達が自分の身体の働きをあたりまえの事として感謝していないのと似ています。
われわれの身体は、毎日二十四時間休むことなく、心臓が規則正しく鼓動し、肺呼吸により、血液が全身を廻る。外気の変化にも体温を一定に保っている。また病原菌が外から入ると免疫力が働き防衛します。たとえ病に罹っても自然治癒力が働き自分で治します。また精神面でも、悔しいこと、悲しいこと、嫌なことがあっても、睡眠や休息をとり、道理をわきまえ、諦めることにより、無意識のうちに多くのストレスから心を守ってくれます。昼は交感神経で緊張感を保ち、夜は副交感神経にバトンタッチし、身体は不平不満を言わず、休むことなく黙々とわれらの身体を一番良い状態に保っています。これは仏様の慈悲心に通ずるものがあり、ここに加持感応して病も治る原理があるのです。

特に仏様の慈悲心と言わなくとも、よくよく自分自身に眼を向ければ、すでに計り知れない恩恵を受けていることに思い至ります。われらは思い通りに行かないとかく外に不満をぶっつけますが、わが身を内観し、そのような不満を言う資格が果たして自分にあるか否かよくよく懺悔《さんげ》すべきだと思います。加持とは如来にお願い事をする祈りではなく、むしろ仏様から常日頃いかに多くの恩恵を受けているかを自覚し、感謝することです。感謝することにより益々自分は利益を頂いていることに気づくと思います。

（平成20年3月）

読経《どきょう》

お経は、最初、お釈迦さまが涅槃に入られた後、お弟子さん方が集まり、お釈迦様の教えが途絶えないよう、各自直接お釈迦様から聞いた言葉を記録し編纂したことから始まります。その後も、仏様はこのように悟りの世界を説かれたと、たくさんの経典が生まれました。

皆さんもご存知のように『般若心経』や『観音経』のように宗派を超えて親しまれているお経もあります。専門のお坊さんが読む長いお経と在家が読むお経には多少違いがありますが、内容は共通したものが流れています。真言宗では、教理の面では『大日経』と『金剛頂経』を拠所としていますが、坊さんが日常よく読むお経は、『般若理趣経』です。一方、檀信徒の方には『般若心経』を読んでもらっています。心経は短いお経ですが、仏教のエキスが詰まったお経です。「お経の意味が解らなければ読んでも意味が無いのではないか」とよく聞かれますが、そういうことはありません。

お経の内容は、真実の理法を説いているのですから、音読することがそのまま真実の響きを発しているのです。そういう意味でも、先ず声を出して読むことが大事です。最初はよく意味がわからなくても、読んでいるうちになんとなく解ってきますし、その気になれば松原泰道さんをはじめ、たくさんの方が解説本を書いておられます。またお寺にお参りの際に、われわれに遠慮なく聞いてください。

受付に、『真言宗仏前勤行次第』を置いておりますので、お買い求めになり、是非、毎日励行してください。先代住職は宗派を超えて弘法大師様の教えを学び実践する「密門会」という信仰団体を作りましたが、ここで用いる『真言念誦行次第』という経本もあり、これを録音したCDもあります。読経は、葬式法事の時だけではなく、日頃から仏教に親しむ良き習慣になると思います。毎日曜日、観音堂で信者さんが集まり勤行しておりますので、どうぞ参加してください。ともかく、毎日読経していけば自然に覚えていくものです。

真言宗の勤行は、読経と同時にご真言を念誦することが基本になります。真言はわれらと仏様を貫く祈りの言葉です。真言そのものが仏様の祈りを表します。真言については本誌7号巻頭言（本書27頁）でもふれましたが、重要なことなので、あらためて書くつもりです。

（平成20年6月）

おんあびらうんけん

一見呪文のように見えるかもしれませんが、「おんあびらうんけん」は大日如来様のご真言です。真言という言葉は、マントラやダラニの訳ですが、真言そのものは、インドから伝わったので、原則として意味を翻訳しないで音だけでとなえられます。皆さんは南無阿弥陀仏という言葉を聞いたことがあるでしょう。これも阿弥陀如来様のご真言なのです。浄土系では念仏とか名号と呼んでいますが、真言宗から見ればれっきとした真言です。

お寺には、観音様、阿弥陀様、お地蔵様等たくさんの仏像が祀られていますが、仏様には本来決まった姿かたちはありません。仏様とは、絶対無限なる悟りの世界を象徴したものです。一神教で言うような霊的存在ではありません。ただあまりにも広大無辺なる真実の世界なので、分かり易く、各々誓願を持った仏様として象徴しました。だからどの仏様にもご真言があります。真言のない仏様はおられません。真言が仏様の本来のお名前なのです。固有名詞としての仏名ではなく、われわれを救おうという祈りを込められた慈悲智慧が躍動する動詞としての真言です。故に、真言には必ずわれわれの祈りの言葉が付きます。「おん」がそうです。南無阿弥陀仏の「南無」も同じ意味です。仏様に帰依する意味です。「おん」の次には必ず仏名がきます。帰依し真言をとなえる者を必ず救うぞというのが「あびらうんけん」（大日如来）です。仏様はたくさんおられても根元は一つです。そこをわが宗では根本仏大日如来とします。その意味で、先ず大日如来の真言を覚えとなえてください。

われわれが仏の教えを信じて、真言をとなえるということは、仏の祈りを素直に頂くことです。真言は何故翻訳しないかといえば、真言は意味内容が深く、一つの翻訳語では、一面の意味しか表せず、他の深い内容が死んでしまうからです。むしろ真言の「いわれ」を説いたのがお経なのです。真言についてはいくら書いても尽きません。真言を宗《むね》とするのが、弘法大師空海の教えの要なので、将来も書いていくつもりです。それくらい大事な祈りの言葉です。

（平成20年8月）

大日如来とは

前回は「おんあびらうんけん」という大日如来様のご真言について書きましたが、今回は大日如来とはどのような仏様かについて述べます。大日如来とは、広くて量り知れない限りない智慧と慈悲を持った、あらゆる如来・菩薩・諸天の根源になる根本仏です。仏教には、たくさんの仏や菩薩がおられますが、それらは全て、大日如来が我々衆生を救うために、我らの好み、能力、個性などに応じて種々の仏や菩薩の姿になられたのです。即ち、あらゆる仏・菩薩・神々は大日如来の化身といってよいのです。仏というのは「真実の法」を象徴したお姿で、その法とは、本来、色も形もない虚空のごとき、無限で妨げるもののない清浄な世界のことなのです。一神教の神様のような霊的存在ではありません。

大日如来は、除闇遍明《じょあんへんみょう》・能成衆務《のうじょうしゅむ》・光無生滅《こうむしょうめつ》の三つの言葉で表現されます。

先ず**除闇遍明**とは、迷いの闇を除き、遍く照らすことで、我々が煩悩で迷う闇の世界を、大日の智慧の光で照らし出す働きを意味します。次の**能成衆務**とは、たくさんの務めを成し遂げることで、あたかも太陽光のエネルギーにより、たくさんの動植物が育まれ生存することができるように、我らも大日如来の慈悲の働きにより生かされているのです。最後の**光無生滅**は、生滅することのない永遠の限りのない働きをいいます。太陽は朝昇るが夕方には必ず没する。太陽は一日中照らすことはできないが、大日の光は生滅することがなく一日中われらを照らしておられます。

大日如来といっても、自分とは別の存在ではなく、われらも大日如来の一部なのです。この世の生きとし生けるものを一切衆生といい、生き物だけではなく、更にこの世の森羅万象すべてが大日如来の象徴として、因縁によって様々な姿をとって現われているのです。我々と大日如来が不二の関係にあることを示した言葉が「おんあびらうんけん」という真言なのです。

ですから、大日如来の真言を念ずることは、我らが常に大日如来という言葉で表される、宇宙に遍満する「真実の法」と切っても切れない関係にあること、つまり常に大日如来の智慧と慈悲に抱かれていることを実感することです。

真言宗の檀信徒として、順境逆境にかかわらず、大日如来のご真言（おんあびらうんけん）を常に念誦する習慣を持ってください。

（平成20年11月）

佛

佛教がわが国に伝えられたのは、百済《くだら》の聖明王から仏像と経論が朝廷に贈られた西暦五五二年頃です。爾来明治まで連綿として、日本国民の精神文化を培《つちか》ってきました。佛教という呼称は明治になってキリスト教が入ってきてからで、江戸時代までは佛法と言いました。キリスト教やイスラム教が神様を信じるように、佛教も佛様を信ずるのだから同じだろうと考えられかもしれませんが、神様と仏様とは意味するものが、まるで異なるのです。

まず、「佛」と言う言葉ですが、佛とは、梵語ブッダの音写で、覚者、知者、覚と訳し、日本では「ほとけ」と訓じます。ちなみに「仏」は、宋・元のころから用いられている俗字です。原語は「目が覚める」という意味ですが、後に、佛教では精神的により深い内容を表し、迷いから目を覚ますという事を意味するようになります。そして更に、真理を悟った聖者、または、目を覚まさせるところの真理そのものをも表現したのです。ブッダと言う言葉は、自らのさとり（自覚）である智慧と、他をさとらせる（覚他）慈悲の両方の働きを持っているのです。佛とは、この世を創造し奇跡をおこす絶対者を意味するものではなく、われらの迷いを照らす真実の理法であり、それを自覚させることなのです。

ただそれだけではあまりに抽象的なので、実際に具体的な人間として、真実の法を覚られたお釈迦様をブッダとして象徴し敬ったのです。釈尊が入滅されてから、ブッダは、阿弥陀如来とか薬師如来、大日如来などと様々な形で表現されましたが、いずれもわれわれを迷いから覚ますところの真実の法であることに変わりありません。佛には、さまざまな呼び名があります。如来、世尊《せそん》、応供《おうぐ》、正遍智《しょうへんち》、明行足《みょうぎょうそく》、善逝《ぜんぜい》、世《せ》間解《けんげ》、無上士、調御丈夫《じょうごじょうぶ》、天人師などですが、この中で、もっとも使われるのは如来です。

佛教徒として、佛教を信ずるということは、三宝《さんぼう》に帰依することから始まります。三宝とは、佛、法、僧のことで、佛とは覚った方、法とは真実の理法、僧とは、それを実践し、伝える人々の意です。これに帰依する、信じ身をゆだねるということが、仏教を信ずることなのです。

お釈迦様は、覚られた真実の法を、種々に表現され我らに教え示されました。諸行無常、諸法無我、十善戒、因縁、業、四諦、十二因縁、八正道、六波羅蜜など、過去現在未来を通じて変わらない真理を教えて下さいました。次回は十善戒について述べます。

※仏教国は、日本の他、共産国を除くと、タイ、スリランカ、カンボジア、台湾、韓国ぐらいしかない。多神教のインド、それ以外は、ほとんどがユダヤ教、キリスト教、イスラム教という一神教を国教とする。

（平成22年2月）

十善戒

仏教徒になるには、生涯仏法僧に帰依し、十善戒を守っていこうと誓うことです。仏教は思想哲学的な一面もあり、とかく理論に目が行きがちですが、地に足の着いた信仰を育むには、自分自身の行動を絶えず見つめる規範が不可欠です。仏の智慧を実生活に生かしていくには、戒が必要です。戒のない智慧は本当の智慧ではありません。

仏教では、出家在家を問わず、仏教徒として、十善戒、つまり身・口・意にわたる十の戒めを持することを説きます。先ず身の戒めは、①不殺生、②不偸盗《ふちゅうとう》、③不邪淫《ふじゃいん》。口の戒めは、④不妄語《ふもうご》、⑤不綺語《ふきご》（雑穢《ぞうえ》語・意味のない言葉）、⑥不悪口《ふあっく》、⑦不両舌《ふりょうぜつ》（二枚舌）。意（心）の戒が、⑧不慳貪《ふけんどん》、⑨不瞋恚《ふしんに》（腹を立てない）、⑩不邪見《ふじゃけん》です。

確かに厳密に考えれば、とても守りきれないと尻込みするかもしれませんが、それでも守ろうと決心することです。破っては繕い、繕っては被ることになるかもしれないが、それでも持していくのが戒です。十善戒を授からないときは、悪いことをしても、その自覚がありませんが、受戒することにより、自分自身の行為が、いかに仏様の教えに反していたかを痛いほど知らされます。今まで見えなかった自身の姿が照らし出されるのです。ちなみに、戒名とは、十善戒を守ると誓った仏教徒に授けられる仏弟子としての名前です。

あるいは梵語でシーラといい、よき習慣をつけることや清涼になる意を示していま す。戒を、何々してはいけないという禁止事項の意味にとれば、二の足を踏むかもしれませんが、よき習慣をつけることにより、仏様の教えが身についてくる、そうすると何事にも恐れがなくなり、心身ともに清涼になるという積極的な意味があります。

過去の七仏が共通して保ったといわれている偈（詩）に「諸悪莫作《しょあくまくさ》（もろもろの悪をなさず）、衆善奉行《しゅぜんぶぎょう》（たくさんの善を行い）、自浄其意《じじょうごい》（自らの心を清めること）、是諸仏教（これが仏教である）」とありますが、これも戒を守ることが仏教の要であることを示しています。又、江戸中期の名僧、慈雲尊者《じうんそんじゃ》は十善戒を守る人は菩薩・仏に等しい、と十善戒を持することの大事を説いておられます。

信仰が純粋か不純かを見るバロメーターが戒です。ある教団がまともなものか否かは、その教団に十善戒に該当するものがあるかどうかです。多くの新興教団はご利益を説いても、耳の痛い戒や懺悔を説きません。戒があるので懺悔心がわいてくるのです。次回は懺悔について述べます。

（平成22年5月）

懺悔（さんげ）

仏教では、信仰の入り口として懺悔ということを重視します。仏教では、「ざんげ」ではなく「さんげ」と読みます。元は、悔過《けか》ともいい、修行者が仏や僧侶の前で、自ら犯した罪過を告白し許しを乞うことから来ています。罪過はなにも刑法に触れる大罪を犯したというものではなく、日常生活において、十善戒や仏の教えに反したことです。気がついたら素直に罪過を仏様の前にさらけ出し認め謝することです。反省という言葉がありますが、それよりもう一歩深い意味を含む言葉です。反省は自分に落ち度があるが、相手も悪いという気持ちがどうしても残りますが、懺悔は一切言い訳をせず、無条件に自らの責任として受ける気持ちです。要するに自己の責任を吐露した言葉です。善導の『往生礼讃《おうじょうらいさん》』には、懺悔に三種類あり、身体の毛穴と目から血を出すのが上品《じょうぼん》の懺悔、毛穴から熱汁、目から血を出すのが中品《ちゅうぼん》の懺悔、全身が微熱して目から涙を出すのが下品《げぼん》の懺悔と厳しく教えています。

われらはせいぜい涙を流して懺悔する下品の懺悔もできないかもしれません。それくらいわれわれは我執が強く、自分の非を認めようとしません。本当に心から懺悔できるなら、それは既に仏様の純真な智慧の光により、自分の罪過が照らし出された証拠でもあります。故に、懺悔した人の心は明るい。今まで気がつかなかった深い自心の闇（煩悩）を自覚したからです。懺悔の内容には、随喜《ずいき》（教えを聞いて心に喜びを感じ、他人の善行を共に喜ぶ）、勧請《かんじょう》（神仏の来臨を請う）、回向《えこう》（功徳を他に振り向ける）、発願《ほつがん》（自らは悟りを求め、また衆生を救おうと願う）の意が含まれています。懺悔することにより、暗い気持ちが払拭され喜びがわき、更に菩提心を持していく気持ちがわいてくるのが本当の懺悔です。

懺悔を別な言葉で表現すれば、信心です。自身の内面に目を向け、自分を深く知り、信ずる心です。信仰の対象を外に求め、神仏の霊徳やご利益ばかりありがたがるのは、懺悔のない、地に足の着いていない信仰です。在家用の勤行経典には、必ず懺悔文《さんげもん》が初めに載っています。懺悔文を称えることから勤行が始まります。

「我昔所造諸悪業《がしゃくしょぞうしょあくごう》、皆由無始貪瞋痴《かいゆむしとんじんち》、従身語意之所生《じゅうしんごいししょしょう》、一切我今皆懺悔《いっさいがこんかいさんげ》」（私が昔造った諸の悪業は、皆無始以来のむさぼり、いかり、おろかさによるもので、それら

は、身体・言葉・心を通して生まれたものです。私は今一切を皆懺悔します）

この言葉を熟読玩味すれば、懺悔の意味するところが分かると思います。仏前に、事実をありのままに包み隠さず告白し、心から謝っている。できれば声を出して毎日称えてください。

（平成22年8月）

いつやる、今でしょう

仏教というと葬式や法事を連想するので、何か抹香くさく、現実問題を扱うより、死後の世界を説く宗教のように見られがちですが、その実、反対で、お釈迦様の教えは、まさに現実に悩み悲しむわれわれの切実な求めに応じて説かれた救済、自覚の教えです。それは真実をよりどころにした宗教だからです。釈尊は四苦八苦である生・老・病・死・愛別離苦・怨憎会苦《おんぞうえく》（嫌な人とも会わざるを得ない苦）・求不得苦《ぐふとくく》（求めても得られない）・五蘊盛苦《ごうんじょうく》（われらの身体を構成するものが苦を招くようにできている）に悩む我らに、苦からの解脱《げだつ》の道を説かれました。

仏教徒として常に戒めとして自分に言い聞かす言葉として、「三帰戒《さんきかい》」があります。その冒頭の言葉が「人身《じんしん》受け難し、今已《すで》に受く、仏法聞き難し、今已に聞く、此身《このみ》今生《こんじょう》に向かって度せずんば、更に何れの生に向かってか此身を度せん」。

その意味は、人間に生まれることは非常に得難いということです。親がいれば子ができるという単純なものではなく、数えきれない無数の因縁が成就してはじめて今の自分があるのです。仏教発祥の地インドでは、地獄・餓鬼・畜生・修羅・人・天と、苦から苦へ永遠に転生する六道輪廻が信じられています。輪廻からの解脱がお釈迦様の教えの目標です。しかし、地獄・餓鬼・畜生・修羅では、お釈迦様の説法が理解できません。言葉の通じない生《しょう》だからです。人間は言葉の通じる生です。真実を聞けば理解できるのです。人間に生を受けたということは、前世において、一日も早く六道から解脱したいという切実な願いがあったからです。長い長い時間をかけ、ようやく縁が熟し、父母を縁として人間に生を受けたのです。たとえ五体満足でなくとも、地獄畜生道に生まれたわけではありません。これに感謝できる人は、人生のどんな難関にあっても、耐えることができます。

しかし、人間に生まれても、残念ながら、アジアの一部を除けば、世界は一神教が支配し、一生のうちに、仏教に会うことはなかなか難しい。幸いにも、われわれは、真実の道理を悟ることを旗印にした仏教に縁のある国に生まれました。故に、仏縁を授かったことに感謝し、更に一歩進めて、仏法を本当に信じ、実践し、苦界から浄土に渡らなければならない。それが「此身今生に向かって度せずんば、更に何れの生に向かってか此身を度せん」の意味です。度とは渡とおなじで、わたるという意味です。苦界（迷いの世界）から浄土（悟りの世界）に渡ることで、生きているうちに信心を確立し、死後の世界が有るか無いかに惑わぬ心境を養うことです。表題の「いつやる、今でしょう」が、三帰戒の意義を端的に表しています。三帰戒の後半は次回に紹介します。

（平成25年8月）

帰依三宝《きえさんぼう》

前回は「三帰戒」の前半について述べました。人間に生まれるのは難しいことであるが、我らは幸いにも人間に生を受けることができた。人間に生まれても、仏教に遇うことはさらに難しい。しかしありがたいことに仏教にも遇うことができた。この千載一遇の勝縁に、悟りを得なければ、永遠に迷いから抜け出すことはできません。では如何《いか》にしたら迷いの世界から抜け出すことができるのか。その方法を後半で説いています。キリスト教徒やイスラム教徒は、全知全能の唯一の神が実在しているのだと信ずることから始まるように、仏教徒は先ず三宝に帰依します。それが仏教徒になる第一の条件です。三宝とは、仏・法・僧です。仏法僧に帰依する時、衆生と共に以下の言葉を唱えます。『華厳経』浄行品《じょうぎょうぼん》にある言葉です。

自帰依仏《じきえぶ》　當願衆生《とうがんしゅじょう》　體解大道《たいげだいどう》　発無上意《ほつむじょうい》

自帰依法　當願衆生　深入経蔵《じんにゅうきょうぞう》　智慧如海《ちえにょかい》

自帰依僧　當願衆生　統理大衆《とうりだいしゅう》　一切無礙《いっさいむげ》

「仏」はブッダ（仏陀）のことで、インドの言葉で迷いから目覚めたお方、覚者を意味します。具体的にはお釈迦様のことです。後にお釈迦様が涅槃に入られてからは、お釈迦様が悟られた法を象徴して阿弥陀仏や大日如来に帰依しました。「帰依」とは自身の最終的な拠所に信心の誠をささげること、信ずることを意味します。上の三句を解説します。

「自ら仏に帰依したてまつる。当《まさ》に願わくは衆生と共に、大道を体解して、無上意を発さん」とは、仏陀に帰依し、衆生と共に真理の道を体得し、この上ない心、つまり自らは悟りを求め、迷い苦しむ者を救おうと願い（菩提心）を起こすことです。次は法に帰依します。

「自ら法に帰依したてまつる。当に願わくは、衆生と共に、深く経蔵に入りて、智慧海のごとくならん」。ブッダが悟った法（真実の道理）に帰依し、衆生と共に深く法の蔵に入り、海の如く深く広い智慧を得ようと願う。最後は、僧に帰依します。

「自ら僧に帰依したてまつる。当に願わくは、衆生と共に大衆を統理して、一切無礙ならん」。僧とは仏法を奉じ実践し代々伝える集団を意味します。仏法を信じ実践し伝えていく僧侶に帰依し、衆生と共に大衆を一つにまとめ、一切妨げるものなく自由自在ならんと願う。

そして日常の規範として、十善戒（殺さず、盗まず、不倫せず、嘘をつかず、無駄口をたたかず、悪口を言わず、二枚舌を使わず、むさぼらず、腹を立てず、邪見を起こさない）を守ることを誓います。これで初めて仏教徒の一員と成れるのです。

この言葉を、導師について三度唱えるのが三帰戒の儀式で、仏教徒に正式になるとき必ず唱えます。仏教の信仰の対象は、神様ではなく、真実の道理とそれを体得した仏とそれを伝える僧侶です。この三者は皆、我々自身と密接につながっております。先ず仏や法から我らは無条件に信じられています。だから自然に、我らは仏法を信ずることができるのです。

（平成25年11月）

十善戒の教え（盂蘭盆会《うらぼんえ》法話要旨）

ただ今、内陣の照明を消して、いわゆる施餓鬼供養をしましたが、六道輪廻といいまして、私たち衆生は、地獄・餓鬼・畜生・修羅・人・天という六つの世界を生まれ変わり生まれ変わり、生死の世界を輪廻する、つまり六種の生をさまようわけです。仏教に出会って、悟りを開かないかぎり輪廻し続けるのです。そして人間に生まれないと仏縁に会えません。

仏教は智慧の宗教です。どんな時代にも、どんな民族もうなづくことのできる真実の道理を説いたのが仏法です。

「神・仏」といっしょくたにいいますけど、仏は神と同等のものではありません。仏は、宇宙の霊的な大霊というようなものではなく、真実の道理をいい、またその真実を知って迷いから目覚めた方を仏というのです。仏教の目的は「成仏」です。仏に成ることです。他の宗教では、神に成る、というのは、発想自体がとんでもないことです。人間は神になれません。

仏教は他と争うことはありません。他に向かうのではなく、自分を苦しめる「貪瞋痴《とんじんち》」という自分の心を問題にします。その心によって、地獄・餓鬼・畜生…という世界を造っているのです。

仏さまの教えは「十善戒」にまとめられます。これを守らないと、仏教徒とはいえない、いや人間とはいえないと言ってもいいのです。

殺生しない。生き物を殺さないだけでなく物の価値も殺さない。盗んではいけない。男女の関係を清らかにする。この三つが身体での戒《いまし》めです。嘘をつかない、無益なことを言わない、悪口を言わない、二枚舌、人をケンカさせるような噂を言わない。これが言葉での四つの戒め。ケチになるな、むさぼるな、分け与えなさい。これは電車で席をゆずってもいいし、笑顔を与えることもいいのです。怒るな、忍耐しなさい。不邪見、ものごとは無数の因縁によって起こるということ、善悪の果報があるということ、そういう仏様の教えを否定するな。これが心での三つの戒めです。

これらのことに注意して生きていくと自然に幸せになっていくのです。仏教徒であるならば、この十善戒を守ることを決心すべきなのです。人間に生を受け、戒をいただき仏の教えを守る。そうやって功徳を積み、悟りを開くのです。ですから、ほんとは死んでから戒を授かって、戒名をつけるのでは遅いのですね。当院では生前に戒名をつけることをすすめておりますので、ご相談ください。

（平成十八年七月十三日）

第二章

初出　密門会会報「多聞」巻頭言

平常心

暑さ寒さも彼岸まで、自然界は多少のずれはあるものの春夏秋冬の周期は規則正しく巡ってくる。しかし当てにできないのは、さまざまな人間界の事件である。昨年の春と今年の春は全く違う。国内では住専問題、オウム真理教裁判、非加熱製剤によるエイズ感染問題、一方国外では台湾民主選挙に対する中国のミサイル等武力による恫喝、竹島問題、中東和平問題等、毎年の如く目まぐるしく変わる。歴史を紐解くまでもなく今日まで一度として同じ年はなかった。

社会問題もつまるところ人間がお互いに引き起こした共業《ぐうごう》であれば、個々の問題も皆人間の心から生じたものである。故に我々は自分の責任として懺悔滅罪の行動を起こさなければどんどん世の中は悪くなる。食・色・財に執心する自らの行動を堅く戒めなければならぬ。一方、この流転して止まぬ諸行無常の現実界に、変わらぬ所の真実を見いだすのが釈尊以来の仏教の伝統である。因縁によって起こる世の中に、因縁に左右されない真実の法を見つめ、現象面にとらわれない智慧の目を養っていくことが仏教徒の務めである。

古来仏教は、平常心是道、現生正定聚《げんしょうしょうじょうじゅ》など、悟りを求める者に対し、悟りは自分を離れたはるか遠くにあるものではなく、まさしく「心中にして即ち近し」で、現に呼吸している肉身を持った自分自身にあると説いている。自分自身の自という漢字はもともと鼻をあらわす。自分の鼻である。脚下照顧《きゃっかしょうこ》、つまり道は自分の足元にある。ところがわれわれは悟りだ解脱だ瞑想だと、とかく抽象的な観念を凝らし仏法をはるか彼方の岸に求めがちである。一切の煩悩が消え去り、安楽の寂静の境地を期待するあまり、肝腎の現実から目が離れてしまう。

かのオウム真理教の多くの信者も覚りを求めひたすら修行に専念した。そのことは非難されるべきことではない。ただ解脱を性急に求めるあまり、仏法は現実に密着していることを忘れたか、もともと現実にはないと決めつけ、解脱はむしろ現実から逃避離脱することに有りと勧められ〝出家〟したのであろう。世間の常識と教団の常識と相いれないのが、かれらの教えである。反面、清らかな覚りを求める集団にしてはサティアンとよばれる教団施設の中は不衛生極まりなかったという。観念だけの清浄を求め、現実の清浄を忘れているからである。

　禅寺では一に掃除、二に掃除、三四がなくて五に掃除といわれるくらい伽藍や自分たちの身の回りを清浄に保つことを修行の根幹にしている。わたしも学生時代、仏教青年会の縁で山梨県南明寺に合宿し、東野金瑛老師の下、坐禅のまね事をしたことがある。朝の坐禅、朝課の後は、ひたすら作務《さむ》をした。坐禅だけが尊いのではなく喫茶喫飯、行住坐臥みな仏道なりと教えられた。禅宗では、典座《てんぞ》という食堂《じきどう》の長はかなり高い位で法要の席順では老師に継ぐ。ほかの宗旨では食事係の長はそんなに尊敬されていないと思う。当時はどうして典座の位がこんなに高いのか疑問に思っていたが、今になって考えると、なるほど毎日食べる食事を司る仕事は、僧侶がたの生命を預かることに等しいからであろう。ここにも現実を重視する仏教が生きている。

　では真言密教ではどうなのかといえば、やはり同じく現実を大切にする教えである。いやむしろ顕教（密教以外の仏教）よりもっと現実を重んじる。弘法大師は若くして大学寮に入り、高級官僚の道を目指し明経学《みょうぎょうがく》を修め、また同時に儒教、道教、仏教を学んだ。人間に生を受け最も大事なものは何かと、人生に対し疑問を持たれ、世俗の幸福は真の幸福に非ずと、初めは私度僧《しどそう》として出家し、世俗から完全に離れず俗世間の苦悩を見ながら出家在家の区別なく、衆生を救うところの真実不二の法を求められたのである。この間あらゆる経典を読み修行専念した。

他の宗旨の開祖のほとんどがわずか七、八歳で出家得度したのに比べ、空海が正式に僧侶になったのは三十歳になってからである。当時としてはかなりおそい。法然、親鸞、道元、日蓮たち高僧は幼くして世間のありさまを全くと言っていい程、なにも知らぬうちに、実家の没落から逃れるように比叡山に登った。

空海の生い立ちからみても世間で見聞体験した青年時代の経験が、後の空海の信仰に深い影響を与えたことは想像できる。『三教指帰《さんごうしいき》』、『十住心論』、『秘蔵宝鑰《ほうやく》』などをみても密教顕教は勿論のこと、仏教以外の教えである、儒教、道教なども、それぞれの価値を認めながら密教に導いている。空海は、この世にむだなものは何一つない。みなそれ相応の価値をもっている。仏様の目で観て行けば皆平等であると説く。空海が即身成仏を旗印にしたとき、当時の奈良仏教は三劫《さんごう》成仏だった。つまり密教が現実生活において成仏できると説いたが、奈良仏教は未来成仏をとなえていた。現実肯定と現実否定の違いがある。

しかし、ここで注意しなければならないのは、密教とて戒律を重視する。十善戒に反した場合は僧俗問わず懺悔せねばならないことは言うまでもない。とかく現実肯定だから何をしても許されるのだという暴論を吐く学者もいるが、曲解も甚だしい。似《え》非《せ》密教を持ち上げる一部の学者は大いに責任がある。煩悩についても大否定を通した大肯定なのであり、それを最初から全てが絶対だというのは凡夫の独断論である。なぜ空海は勤行に必ず三昧耶戒真言オンサンマヤサトバンをとなえさせたか、その意味をもっと深く考えるべきである。その理由を『秘密三昧耶仏戒儀』に縷々説かれている。

仏智に照らされた煩悩具足の我が身をありのままに知ること以外に悟りはない。現実の我が身をありのままに観るのはそのまま仏智であり、信心である。これを「如実知自心」という。どこまでも冷静に自分の事実の姿をごまかさずに観て行くことである。そうすれば身口意の三業を通して自分自身を深く静かに掘り下げていくことができる。我々の現実の一挙手一動作を如来が妙観察してくださる智慧をいただいて、我々がまた自分を見守ることができるのである。今これから、はるかかなたの彼岸の如来加持力を祈るのではない。すでに如来に加持されている事実を信ずるのである。これが密教の平常心である。

（平成8年4月号）

常に信の一念に住すべし

年末になるといつも思い知らされる。何と月日の経つのが速いことかと。今年は例年になく大きな出来事があった。阪神大地震に始まり、オウム真理教のサリン事件、銀行の倒産等、世紀末を煽る連中には格好の年かもしれない。しかし冷静に観ていけば毎年の如く世界各地で天災人災は起きて止むことはない。諸行無常、世間虚仮《せけんこけ》であればむしろ何も起こらないことが不思議なことである。生住異滅の縁起で成り立つ世界であれば動いて止まないのが正常なことであろう。

今後ともどんなことが起きても、いざという時の準備はしておかねばならない。物の準備は今回の地震の教訓で防災に怠りないが、肝腎の心の準備となると怪しい。昔の人は、生死の心構えを日頃から教えられた。武士が政治《まつりごと》を司っていたので、下級武士でも不慮の出来事に対しては腹を切る事も有り得ると元服の時に教えられた。

また仏教が常識としてまだ生きていたころは、生をあきらめ死をあきらめるは仏家の一大事の因縁、後生を願うのが仏教徒の常識と考えられていた。いかに平均年齢が八十歳を越えたといっても生死は変わらない。多少間が伸びただけである。時間というものは分かったようで分からないものである。若いころは将来先が長いと思っているが、年老いて振り返ると今までの半生が朝夕のごとく瞬く間に過ぎ去っている事実に愕然とする。時計で計る時間は嘘の時間である。本当の時間は計ることができない。わずか一秒でも永遠につながる。長いと思う一生も瞬時に感じられる。邯鄲一炊《かんたんいっすい》の夢である。

信心のない時間とは、残り少ない生を削って行く我を責め苛む限りある時間である。信心において過去と未来がひとつものになる。法に照らされ自分の過去現在が分かる。照らすところの法はいつでもどこでも働いているが、我は気が付かない。それに気づくことを信心、悟り、自覚という。寿命無量、光明無量は法の功徳である。法を信ずることにより、死んでも死なない命をいただくことができる。我が存在は因縁に支配される生死の存在ではあるが、同時に信心により因縁を越えた世界につながっていることを知らされる。

如来を信ずることにより初めて生も死も平等に観ることができる。いつでも生まれた所に帰ることができる。それはもはや私個人の知恵ではない、ものごとをありのままに観る如来の智慧である。

信心を忘れると過去現在未来がみなバラバラで対立する。心が別れてしまう。分別の世界は時間空間が対立する迷いの世界である。現在とは過去未来が出会う一瞬である。己を空しゅうしてこの現在の一刹那の我が身のすべてを無条件に信ずる。ありのままに信ずる。なんらとりつくろう必要はない。我らは常に信の一念に帰らなければならない。

信の一念は法と我が不二であり、有限と無限が矛盾しない境地である。信を忘れると我に迷う。仏も忘れる。信の一念にある人は死を恐れない。生と同様死もまた自分の一部であると。本当に死ぬことも生きることもできる。この信の一念は臨終の間際でも帰れる。なぜなら我らが法を信ずるずっと以前より無始以来変わらぬ法がつまり如来が我らを信じて憶念しているからこそ我らの信心も成り立つのである。一方的に我が如来を信ずるだけでは成就しない。その根底には同時に如来から我らが無条件に信じられているから成り立つのである。

信もまた如来の憶念の中にある。我が如来を信ずるのと、如来が我を信ずるのと同時である。如来の我を無条件に信ずる慈悲心が、我の意識に顕れると信ずるという表現になる。如来が公平無私に我を信ずることと、我が仏を信じることと平等なのである。信において仏と我の対立はない。ゆえに仏教では仏を信ずることと自分自身を信ずることが等しい。自覚と信心がひとつものである。それを言葉で端的に顕せばオンアビラウンケンのご真言である。

つねに自性清浄なりと見るを名づけて受持とし、口につねにこれを記するを名づけて読誦とす
（空海『一切経開題』）

仏教は信の一念の立場で説いた教えである。信を離れるなら理屈になってしまう。信は理屈や観念ではない。事実を深く知ることである。今現在生きている自分自身を信じることである。これが分からないと浄土も西方《さいほう》十万億土のかなたに離れてしまう。信の一念そのものがお浄土に立っていると言っても差し支えない。

会員の中には今回の阪神大地震で亡くなった方は浄土に行けたのかと疑問をお持ちの方も多いと聞くが、人のことはともかく、それだからこそ日頃から信心を磨いて行

かなければならない。信心のある方はどんな境遇に置かれても、どんな死に方をしようと、そんなことはどうでもいいことである。いつでもどこでもオンアビラウンケンと真言をとなえることができる。この真言によって常に信の一念に帰ることができる。我らは働かねばならないので、一日中信の一念と言う訳にはいかないが、如来の憶念の心が寝ても覚めても働いているので、たとえどんなことが起きて死んでも日頃から信の一念に心を向けているものは何ら思い煩うことはない。死後のことをあれこれ心配するのは現在信の一念から外れているからである。現在の自分を忘れ未来に気持ちが飛んでしまっている。解答は未来にはない、いつでも現在にある。日頃挨拶で、「今日は」と何げなく言っているが、「今日は」と言う言葉は甚深の意味を含んでいる。今日、只今、この刹那《せつな》、現実、現行《げんぎょう》に自身の真実相を観ることが、信の一念である。「今日は」と言う所に常に如来より憶念されていることを忘れてはならない。我が密教徒の挨拶はそういう意味でもオンアビラウンケンと称える。朝夕の勤行で常に如来にオンアビラウンケンとご挨拶をすることで、信の一念に帰ることができるのである。

（平成7年12月号）

懺悔行《さんげぎょう》のすすめ

我が密門会では、会員各自に真言念誦行を実践してもらっているが、特に強制はしていない。皆それぞれ仕事もあることだし、これこれの行をしなければ会員にあらず等と命令的なことはなく、会員の自主性に任している。信仰は強制して出来るものではないし、こちらが一方的に強制するならば、本当の自覚には至らないばかりでなく、特定の教主の意のままに操られる奴隷的信仰になってしまう。他から強制されてはじめて生じるような信仰なら全く自主性のない浮草のような信仰で、われを支配するのは他者にあり、つまりわれの外にある神によって自分らの運命が左右されると信ずる教えであろう。

自灯明《じとうみょう》、法灯明を掲げる釈尊の教えの根幹は、自ずから我が現実の姿に気がつく、自覚道である。本当に迷いから目が醒めることである。仏教以外の多くの宗教の特徴は自分以外の絶対者を信じることにあり、自分を信ずることと神を信ずることは対立する。自分が信じられないから絶対の神を信ずる。仏教では、自分を深く信ずることが、そのまま自分を深く自覚することである。自分を信じないで仏様を信ずることはありえない。仏様が我らを信ずる心が、そのまま我らが自分自身を信ずる心である。仏様というと、あたかも自分の外に形あるものとして想定しがちであるが、それは象徴・方便である。ご本尊の御前では、あたかもましますが如く合掌礼拝する。形のない心の本来の姿を仏像に象徴する、仏心とも菩薩心とも表現する。自分自身の内面に求めていく菩提心で象徴するなら、仏を外に求める必要はない。でも一歩さがって仏様を礼拝するのが自然の姿である。

行というのは、仏様の教えを実践する信仰生活のことである。我が身を振り返り仏様の教えにかなっているか否かを不断に懺悔することである。

密教とは何かという質問に、お大師様は「自覚聖智、修証の門」とおっしゃった。自覚が具体的行として、生活に現れ、その現れたところの具体的事実を以って自覚した内容が確かめられなければならない。頭だけの自覚では体が承知しない。なるほどこういう事だったのかと体全体でうなずくことである。真言念誦が身についたものであるならば、真言を念ずる時、身にしみて如来の誓願が響いてくる。真言そのものが行になる。真言を念じている自分自身と念ぜられる真言が二つで一つになる。真言が手段にならない、真言に如来の大悲大慈の祈りを感じる。真言を念ずるところに即如来のわれを念ずる広大無辺の誓願をいただく。かの五大願に包まれている自分自身を観る。何かのために修行するのではない。そのような行は目的と結果が別れてしまい、結局は、所謂〝現世利益〟を求めるような、為にする行になり、がんばれがんばれ信仰になり、難行苦行となり、今苦しいのは、それにも増してすばらしい御利益をいただかんがためである。このような行では、なかなか成就しない。求める気持があり実践するも行と信が離れてしまうので折角の信仰も汚れてしまう。

とかく密教とは神秘体験に目がむきがちであるが、その神秘体験を求めている自分は何者か。外に向って求めている自分自身にひるがえって目を向けるなら、果して煩悩具足の凡夫ではないか。自分をおろそかにして外に特定の心境を求めるなら、もはや仏教ではない、一種の神秘主義である。よく世間で仰々しく喧伝されている「密教の秘法」、「密教何々法」の類である。正純密教を求めるものは、よくよく注意しなければならない。

密教の戒律に、三昧耶戒《さんまやかい》という戒がある。三昧耶戒の根幹は、菩提心を一生涯持することである。菩提心とは、悟りを求める心、つまり自覚である。自覚とは、醒めた心であり、我を忘れた恍惚状態、トランス状態とは全く違う心境である。神秘体験は我を忘れるところ、自分がお留守になるところに生じる。地に足をつけた信仰でなければ魔がさす。徒《いたずら》に摩訶不思議な体験を求めることが密教ではない。

懺悔滅罪の心から信心が始まる。懺悔心なくして仏法は開かれない。懺悔とは身の程を知るということである。足元に目を向けることである。仏様の前では何ら包み隠すことは出来ない。すべて明々白々である、あたかも地獄の浄玻璃《じょうはり》の鏡の前に立たされたごとく、いままでの業がありのままに映し出される。ここから仏教は始まる。

懺悔といってもなかなかできるものではない。下根劣慧《げこんれって》の我らには、やはり具体的に体を通して行わなければ実感できないことである。そこで織田隆弘先生が我らのために分かりやすく誰でも出来る懺悔行を教えてくだされた。懺悔滅罪の心を以って、懺悔文を称えながら一万遍を目標に、五体投地する行である。

五体投地とは、五体つまり頭、両肘、両膝を地につけることから、仏前に全身全霊を投げ出して懺悔する行為を言う。よくチベット人が五体投地しながら広い伽藍を回ったり、聖地カイラーサ山を何ヶ月もかけ五体投地しながら巡礼している姿をテレビ番組で見ることがあるが、あそこまでやらなくても同じ仏教徒として我らも五体投地は身につけるべき習慣である。

今まで多くの会員が行なってきたが、体験したものは皆、この行のありがたさを言う。「最初は体が痛く、苦しいが、ある程度続けて行くと、五体投地自体が苦痛ではなく、懺悔の心がわいてくると、むしろ楽しい気持になり、終わった後がなんとなく清々しい」と。

仏法不思議とはこのことである。特に神秘体験と云わなくとも、懺悔すらできぬ煩悩深重の自分が不思議にも仏前に五体投地している。人前に頭なんか下げない人間が自然に仏様の前では頭が下がるということは、よくよく考えると本当に不思議なことである。冷静な神秘体験とでもいおうか、ことさらに神秘体験を求めなくとも自分自身に静かに目をむけていくと、今只今の刹那《せつな》に生きている自分ほど不思議な存在はない。自分あっての各種の神秘体験である。仏法不思議と神秘体験は厳然と区別しなければならない。

（平成8年9月号）

精神汚染

タイトルにした精神汚染という言葉は、もともと中国共産党が使った言葉である。建国以来、国全体が親方日の丸、いや五星紅旗のずさんな経済によりガタガタになっていたので、鄧小平が、共産党の計画経済ではとても国民を養うことができない、そればかりか共産党自体が危ういと判断し、市場経済つまり資本主義経済を一部許可した。それ以来、今まで閉塞していた景気が急に上昇した。その結果南方の経済特別区や沿海大都市周辺の生活は瞬く間に豊かになった。当然経済と同時に自由なものの考え方や思想文化も入り、共産主義を批判する風潮さえ生じた。天安門事件が端的に物語るように公然と政府に対し共産党幹部の汚職などを批判したのである。これに危機感を持った共産党は、今まで培ったマルクス・レーニン・毛沢東思想が汚されるとし、自由な思想を持った青年を取り締まるスローガンを発した。これが精神汚染という言葉である。かなり恣意的な宣伝内容で、われわれが言う、健全な精神が悪いものにむしばまれることを指していない。

さて何故精神汚染など持ち出したかといえば、それと対蹠的な肉体汚染は皆が誰に言われずとも知っていることで、いくらでも汚れを落とし清潔に保つ手段を知っているが、こと精神・心の汚れ・心の病となると、何が本当なのか判断する基準がはっきりしていないので分からない。紀元前四〇〇年代の釈尊在世の頃とあまり変わりがないからである。

夏休み直前から、学校給食を中心に、Ｏ－１５７の感染が岡山、堺等の学校給食からはじまり、全国的に発生し、大きな社会問題になっている。感染源はまだはっきりしていないようだが、死者まで出ている危険な病原菌には間違いない。一方では、非加熱製剤によるエイズ感染問題である。このように目にみえる範囲での問題に関しては、具体的で分かりやすいので、皆注目する。また注意して感染しないよう予防をする。法律でもずさんな衛生管理は厳しく取り締まられている。保健所、厚生省の指導も厳しい。違反すれば営業停止から、過失致死罪まで法的に規制されている。特に今回の非加熱製剤では前帝京大学副学長、ミドリ十字製薬の三代の社長、さらに今厚生省の官僚まで捜査のメスが及んでいる。

さて翻って、精神・心の汚染については、あまり注意が払われていない。肉体の汚れや病気は、目に見えるので誰でも分かる。分かったらすぐさま手を洗ったり薬品を投与し治療する。肉体の汚れは具体的なので我々はいつでもどこでも対処することが出来るし、病院もあるし医師もいる。薬も消毒薬も絶えず研究されている。また病原菌が死んだか、まだ生きているかも分かる。

しかし心の汚れは目に見えないだけになかなか厄介である。先ずたいていの人は自分が汚染されているとは思っていない。むしろ回りが汚れていると思っている。吊り革につかまってもばい菌がついたと消毒綿で拭くような潔癖な人でも、自分の心の汚れには意外と無とんちゃくである。自分の煩悩は見えないものである。釈尊は我々の苦の根源は貪瞋癡の煩悩であると喝破された。三毒の煩悩が四六時中、心を汚している。汚されているから苦しみ悲しみが尽きることない。

我々には倫理道徳、理性、良心があるとされている。しかしこれらは相手を攻撃したり咎《とが》める時には使うが、翻って自分自身に引き当てる時にはえこひいきするので、あまり役に立たない。我々は古来より、精神面の安定を求めるため文学・音楽・絵画に安寧《やすらぎ》を求め、心理学・哲学・科学・イデオロギー等に悩みの解決を求め、そしてついには宗教に救いを求める。しかし、この宗教が一番の曲者である。正しい信仰を持たないと、反って前者のどれよりも人間を不幸に陥《おとしい》れる。オウム真理教の正体が分かって一段落かと思ったら、またぞろ法の華三法行という、オウムを凌ぐ荒っぽい金集めをする宗教がマスコミで紹介されている。日本ハムの監督辞任の背景には、かの霊感商法で悪評高い統一教会があるという。その外沢山の危ない新宗教が盛んに布教している。どの宗教も心の問題を扱っている。心の救済をうたっている。心の世界には残念ながら、医学のような消毒薬や特効薬はない。現憲法により公立学校では、宗教のいろはを教えることができないので、大の大人でも宗教に対して何ら知識もないし、ましてや邪教に対する免疫すらない。如何に高学歴の知識人でも、人気ある芸能人でも無防備な者は騙される。高い金を取られてやっと目が覚めれば良い方で、一つの宗教団体に愛想を尽かしても未だ目が覚めず、また似たような団体に入信し、同じ事を繰り返している者が余りにも多い。

　仏教では、戒《かい》・定《じょう》・慧《え》が基礎になっている。十善戒を守り、禅定に入り、仏の智恵を身につけて行くことで、我々仏教徒の信心には、戒律、禅定（修行）、智慧の三者は欠くことができない眼目とされている。何事をするにも、先ず現状を正しくありのままに知らなければならない。自ら心が汚れ病んでいることを自覚しなければ、対処する方法が生じない。

自分の心が汚れていると気がつくことを懺悔《さんげ》という。懺悔は自分で自分の行為に責任を感ずることである。悪いのは世間環境でなく自分自身であったと深く自覚することである。懺悔することが汚れを取る唯一の道である。汚れていたと気がつくことから具体的な治療も始まる。治療というのも合ってない、気がついたと同時に治療が始まっているのである。懺悔出来たということが目が覚めた証拠である。気がつくといえば自分が気がついたように思うが、実際は我をして自覚せしめる大きな力が働いている。自分の力では、自分自身とそれを考えるもう一つの自分が何時も二つに分かれ一向に決着しない。あたかも汚れた布巾で汚れを拭くようなものである。二つの自分が対立し、終わりがない。葛藤という言葉がこの状態を端的に示している。自分で自覚するというが、むしろ自覚せしめるものがある。それが仏智である。仏の無私平等の智慧がわれに自らの汚れを教えてくださる。仏の無私平等の智慧でなければ、本当に汚れが見えない。我らの自我、我執に凝り固まった我執紛々たる智恵では自分の汚れが分からない。

この世には心の汚れをたちどころに落とすようなものなどない。しかるに、宗教によってはあるという。それには、俺の宗団に入り教祖様の霊能力に頼れとか、何々の秘法、念力護摩、千座行、因縁切りの法、除霊、不浄仏霊の浄霊、数百万もかかる特別の講習会への参加、数々の霊能グッズを買うことによる除霊、信者を増やす布教行等など、人の不幸につけ込み脅したり、さまざまな嘘をつく。皆信者を騙す〝秘法〟である。秘法は信者のためにあるのではなく、騙す側の方のためにあると言っても過言ではない。自分の行ないを懺悔もしないで、清らかになろうと思うのは、虫が好すぎる。そういう心がすでに汚染されているのである。またそういう人間の愚かな心理につけ込むのが多くの危ない宗教なのである。腹立たしいが今のところ彼らを取り締まる法律がない。

オウム真理教のサリンによる無差別テロ事件を好機に、もっと国はきちんと国民の生命と権利財産を守らなければならない。今まで坂本弁護士はじめ被害者を守っていた弁護士も破防法適用と言ったとたん態度を急変し、オウム真理教を厳しく取り締まろうとする国を敵視し反対している。何のことはない、彼らが共産主義を奉ずる共産党系或いは社会党系の弁護士集団だったからである。破防法が共産党を対象にした法律であるからである。この事は誰に遠慮してかマスコミは報じない。何故このような信仰上の被害者が生じるのかという、本当に宗教の正邪を問うというより、党の方針によって動いているかもしれない。これだけ宗教の害が増えているのであれば、国としても当然最低のガイドラインを設定して、国民を守らなければならない。先回の宗教法人法改正では何の改正にもなっていない。所轄官庁が文部省に移転したのと収支決算を出せというだけで、ただ提出する紙屑を増やしただけである。宗教上のトラブル苦情、被害を受け付ける政府の公的機関を作り、すぐさま対応するのでなければ、ざる法に等しい。まだ宗教性善説に乗っかっている。

私はよくインチキ宗教に騙された人の相談を受けることがあるが、何故教団だけ訴えて、国や文部省を訴えないのかと言う。今の非加熱製剤によるエイズ感染も、製薬会社や医者だけ訴えたのではなく、その根本にある厚生省の無責任体制を訴えたからこそ、これだけマスコミも報道してくれたのである。国が宗教法人という特別の優遇を与える以上、文部省には重大な責任がある。何も政教分離の憲法を持ち出す必要はない。形而上のことを言わせば、どんな危ない宗教でもそれなりに心の平和だとか神の愛とか神仏先祖に感謝せよという。それより形而下の問題として、どれだけ苦情、トラブル、脅迫嫌がらせ、法外な献金を求められているかを判断の基準にするなら国民もマスコミも賛成し、大いにやれと声援を送ること間違いない。

最後に、この問題を扱ったフランス国民議会の決議があるので一部を紹介しよう。

「フランスのセクト」という報告書によると、党派を超えてセクト（カルト）という宗教の皮をかぶった有害団体を次のように述べる。

『**精神的な不安定化を狙った操作**により、会員から**無条件の忠誠**、**批判精神の低下**、一般社会の価値観（習慣的、科学的、市民的、教育的）との**断絶**を得ようとする集団であり、個人の自由、健康、教育、民主制度にとって**危険をもたらす**。この集団は、哲理や宗教の**仮面を被り**、その裏に**権力**、**支配力**、**信者の利用**という目的を隠している。』

（太文字原文のまま）

以下が、セクトかどうかを判断する十の基準である。

1　精神の不安定化
2　法外な金銭要求
3　住み慣れた生活環境からの断絶

4　肉体的損傷
5　子どもの囲い込み
6　反社会的な説教
7　公秩序の攪乱
8　裁判沙汰の多さ
9　通常の経済回路からの逸脱（不法労働や詐欺、脱税の類）
10　公権力への浸透の試み

以上は、雑誌『諸君』一九九六年五月号に掲載された「フランス議会が認めた創価学会の危険性」（広岡祐児）に詳しく述べられている。常識のある人なら当然賛成する内容である。現にフランスではカソリックから共産党まで超党派でこのカルト・セクトに取り組み公式見解を出したのである。日本からのセクトとして名指しにされている教団は、創価学会インターナショナル・フランス、崇教真光を筆頭に、晴明教ヨーロッパ、霊友会、イエス之御霊教会、神慈秀明会、幸福の科学等が危ない教団としてあげられている。

歴史的にみても宗教戦争による大量虐殺、異端審問の拷問、火刑など残酷な体験をいやというほど受けて来たので、フランス人の方が日本人より、宗教の恐ろしさを身に染みて知っている。だからこそ、このような基準を設け、国民に明確に示したのである。日本人には仏教の教えが染み込んでいるので、慈悲の心が強い。信仰による殺し合いはない。まさか神仏を信じるものがそんなひどいことをするはずがないと思っている。だから政教分離と言う言葉は、日本においては、国家権力から宗教を守る意味に使われている。現にセクト・カルトと言われる教団は、この点を強調し、自分たちの犯罪的行為を隠す隠れみのにしている。

しかるに政教分離政策を制定した本家ヨーロッパの国々では、一般の国民を宗教の害毒、脅威から守るために政教分離せよと言っているのである。日本の政治家を見る時、果たしてここまで出来るかどうか前途遼遠である。

（平成8年10月号）

形より入る真言念誦行次第

先日岡山で講習会を開いたが、講習会では毎回最初に、護身法、三帰、三竟、十善戒を授けてから始めるのが、先代からの慣わしになっている。

参加者は、礼拝の仕方、印の結び方、真言の称え方、坐り方等、具体的な所作作法を学び、以後自宅でも行じていけるようになる。当会では、「真言念誦行次第」を行の経典として会員に実践してもらっている。

教えを受ける時、宗教以外でも、先ず形から入っていく。剣道、柔道、弓道、茶道、華道、香道、どれをとっても、一つの基本の型というものを学ぶことから先に進む。これらの基本形というのは、先徳たちがご自身の体験を通して、長い間かかって取捨選択した一番大事な要素をまとめたものであるだけに、各所作は見ていて美しい。武道にしても茶道にしても基本の形は流れるように無駄がない。伝統に裏付けられた型だけに安心して教えられるし、また学びやすい。

仏教でも各宗それぞれ信仰実践の形がある。わたしは学生の頃、夏休みや春休みに山梨の南明寺で坐禅の真似事をした。桑畑に囲まれた本堂で東野金瑛老師の指導の下、足の痺れをガマンしながら坐った記憶が今でもなつかしく鮮明によみがえる。わたしの感覚では禅宗の坐禅の所作はとても厳粛で型にはまっていて、やってみて落ちつく坐法であると思っている。特に坐禅のときに座布を用いると、長時間姿勢を保つことが出来る。先代隆弘師が、高野山の僧侶養成学校である専修学院に座布を百個寄付したことがある。学院生は修法《しゅほう》のとき坐禅するが、従来どういうわけか座布を使用してこなかったので、どうしても姿勢が崩れる。そのため寄付したのであるが、当時の責任者が座布を使う伝統がないので使わないといわれた。残念なことである。今、高野山と曹洞宗が交流を始めているが、四度加行《しどけぎょう》(*)に是非座布を採用してもらいたいものである。先代の話によると、昔よく拝んだ阿闍梨さんは、後ろから見ると背骨が曲がっていたそうである。座布を使わずに長時間坐るとそうなるのだろう。私は坐禅の体験があるので座布は必需品になっている。後に真言念誦行をするようになっても座布は大変重宝している。

仏教という非常に大きな深い教えを理解するには、万巻の書を読むのも一つの方法かも知れぬが、あまりにも法門が多く、それぞれすばらしい内容が説かれており、果たして、どれが最勝の教えなのか分からなくなる。仏教は、客観的な立場で苦しみの原因を研究する思想や哲学ではない。自身が主人公になり、釈尊の開かれた仏教の教えに帰依し、具体的に自分の悩みを克服していく実践道である。難しい仏教だが、形から入ると分かりやすい。

形から入るといっても、もちろん仏教徒としての第一歩は、菩提心を発《おこ》し仏法僧に帰依するところから始まる。この気持ちがないなら仏教の周りを歩くだけで、本気に仏教を信じていないことになる。当会「真言念誦行次第」の最初が、諸仏に五体投地する普礼《ふらい》の真言が書いてある。先ず仏に五体投地する信心がなければ始まらない。ここから行が始まる。

先日大学の仏教青年会ＯＢ会で、会長の仏教学の教授が自分の師匠に当たるドイツ人の仏教学者を呼んで小さな講演会を開くというので、数十年ぶりで大学の教室に坐り講義を聴いた。内容は羅漢の悟りについて、経典の言葉から見た場合の矛盾点について話された。終わってからの懇談会で、その先生に「仏教徒ですか」と聞いたら、違うという。ではクリスチャンかというとそうでもないらしい。ただ仏教を知るうちに肉食はしないようになったらしい。とにかく仏教を学問として一生の仕事にしている学者であることは間違いないが、わたしからみれば不思議な感じがした。やはりヨーロッパでは改宗することは大きな負担になるのだろう。ＯＢ会長に聞いたら、仏教学も学問として決まったルールの下で研究し合い、論争するのだそうだ。自分が信ずる対象としてはいけないらしい。あくまでも客観的にテキストを分析して研究するやり方らしい。わたしには彼らの仏教学とは、生きた仏教を解剖してその死骸について侃々諤々《けんけんごうごう》の論争をしているように思えた。稽首礼拝《けいしゅらいはい》という言葉がある。かの大乗仏教の祖とされる竜樹菩薩も、中論のはじめには稽首礼拝して論を書き始めている。真実の法に合掌して頭を下げる気持ちなくして、仏教を語る資格がないことをいみじくも証明している。

仏法は生きて働いている。われわれを悩ます煩悩も時々刻々変化しながらも生きて働いている。われらの悩み苦しみも過去のものでもないし、未来のものでもない。今現に悩み苦しんでいる。故に、それを救おうとする仏法も今現に生きてはたらいている。

さて、仏教徒として先ず仏の教えに帰依しなければならない。

三帰として、三宝つまり仏法僧に帰依する。未来が尽きるまで帰依しますと決心する。三竟は、さらに念を押して三宝に帰依し終ったと仏前に宣言する。

そして、十善戒を守ることを表明する。この十善戒を守ることこそ、成仏の近道である。戒を守るのは一見辛いように見えるが、破戒の生活のほうがよっぽど辛い。自業自得の法則から見るなら、自分の行為の結果は逃れることは出来ない。業苦を受けなければならないからである。戒を守る方が安楽の道である。十善戒に反する行為をしていない人はなんら恐れることがない。実際にやましいことをしていなければ心が安定する。仏教で言う戒律は自発的なもので、神様から下された命令とは違う。

十善戒は破ったからといって厳罰が下されるわけではない。私達は知らず知らずの内に十善戒に反する行いをする場合は、多々ある。そこに、懺悔滅罪の懺悔文の重要な意義がある。懺悔は信仰の前面の姿である。懺悔のない信心は果たしてあるだろうか。先徳たちの血の出るような懺悔滅罪の信心の吐露を目にするとき思わず襟を正さずにはおられない。われらを照らす法は清浄で妨げるもののない無辺のものであるが、それに照らされる我ら衆生は限りある生死に追われ、煩悩に汚されている。懺悔するときこそ、われらは如来の大慈悲を身近に感ずることができる。

「真言念誦行次第」は、簡潔にして要を得ている。毎日行じても負担にならないと思う。以前「功徳表」を会報に同封したが、多くの方が、毎日真言念誦行を実行しているようでうれしいことである。功徳表が必要な方は事務局に申し込めば送ってもらえる。継続は力なりで、短くとも毎日された方が身につくと思う。毎日していると、称える順番や心経、観音経を知らない内に覚える。

次第の根幹はやはり正念誦《しょうねんじゅ》で、大日如来真言を声を出して連続してとなえる。これを念誦という。となえるという言葉には三種類ある。

「称」は称名念仏とあるように、阿弥陀如来を称揚讃歎《さんだん》する意味があり、南無阿弥陀仏や南無釈迦牟尼仏、南無観世音菩薩等となえる場合、称の字を用いる。

「唱」は、南無妙法蓮華経とお題目を唱えるように、声高らかにとなえることを意味する。

「誦」はどちらかといえば低い音量で連続して繰り返し真言をとなえるときに使う漢字である。大衆と一緒にとなえる場合と個人的にとなえる場合がある。前者は明瞭に同行に和してとなえる。後者は、他人に聞かせるというより、あたかも自分と如来が一緒になって静にとなえる。その時、となえる声がうなるような、低く響きわたるような感じがする。

真言宗でとなえるという場合は、念誦の「誦」をとなえると訓ずべきである。パソコンでは、「唱える」と変換されるが、厳密には区別すべきである。意味内容が異なるからである。空海の文章に「五大に響きあり」とあるが、五大（六大といってもよい）とは地・水・火・風・空を意味し、この世の森羅万象がそれぞれ独特の音を発している。われらの耳には聞こえないかもしれないが、万物は音を出し、お互いが共鳴し響き渡っていることを表す言葉である。人間も六大所成の存在であれば、各々独特の響きを発しているはずである。この道理から言えば、オンアビラウンケンと真言を念誦するとき、宇宙と我が共鳴する、森羅万象とわれわれ一人一人が同和していることになる。全体と個が繋がっている。一（衆生）即他（如来）、他即一である。われわれのとなえるささやかな真言が、無限なる宇宙と有限なる我自身が真言念誦を通じて感応道交する。正に「真言は不思議なり、一字に千理を含み、即身に法如を証す」の世界である。真言は如来の祈りを表した言葉でもあり、如来そのものでもある。となえて虚しいということはない。必ず影響を与える。三密加持すれば速疾《そくしつ》に顕わるで、真言念誦には如来の加持力が働いている。

とにかくわれらの用いる『真言念誦行次第』はシンプルです。シンプルでありながら肝心な正念誦の時間はたっぷりとってある。プロの坊さんの「次第」は何倍も厚く、印や真言、多くの所作、観想が盛りだくさんで、とても禅定に入るというわけにはいかない。順番を覚えるだけでも苦労する。同じような話がある。太極拳をしている知人がいるが、「太極拳も十二式（十二のポーズ）や二十四式まではいいが、四十八式とか百何式となると覚えるだけで精一杯で、とても気を充満させてポーズをとるのは難しい。そこでシンプルな九式で十分だと思い、それを実行している。そうすると確かに充実した太極拳になる。以前のわたしの太極拳は格好だけの太極拳で踊りみたいなものだった」と述懐していた。この話は、なにかわれわれ真言宗の複雑な次第に基づく修法を考え直させられる。

私は、いつも言うとおり、真言の出現は仏教における一大革命だと思っている。真言の有る無しではまったく成仏感覚が違ってくる。皆様も従来どおり、真言念誦行という形を通して、如来の本願が現に働いていることを体験してもらいたい。真言念誦という形が自然に安心に導いてくれる。密教に遇わなければ不可能なことである。あらためて正念誦の意味をかみしめたい。

「如来大悲の我に入り、我大悲に包まる、ありがたし、ありがたし。」

（平成19年6月号）

＊四度加行…密教僧が伝法灌頂を受ける前に数ヶ月間行なう修法。

無常ということ

先月は、初めて神戸で講習会を開いた。関西地区の会員が集い、熱心に聴講してくれた。今回は、とくに四法印について講義した。仏教とは何かと問われた場合、私は真っ先に四法印を説く。他に四諦、十二因縁、八正道とかあるが、「諸行無常、諸法無我、一切皆苦、涅槃寂静」の四つの仏教の旗印がいちばん明確に、仏教の特徴を顕していると思う。神を信ずる他の宗教と仏教が根本的に異なるのは、仏教が諸行無常と諸法無我という真理を拠所とする点である。

諸行無常から始まる四法印の意味を仏教辞典でひくと、「この世のあらゆる現象は変化して止まない、いかなる存在も不変の本質を有しない。迷いの生存におけるすべては苦である。迷妄の消えた悟りの境地は静かな安らぎである」とある。特に諸行無常は、「この世の存在は一刻として常でない、動いて止まない、停滞しない、時々刻々変化していく」という真理を悟った言葉である。生まれたものは死し、物質も生じたものは変化し、滅していくという事実を釈尊は悟られ、それを我らに示して下された。今なら当たり前のことで、何が真理かと思われるくらい皆が知っている自明の理であろう。しかし、釈尊の生まれた頃のインドでは、肉体と心（魂）は別で、肉体が死んでも魂は死後も生き続け、他の生き物に転生すると信じられていた。否、これは昔の話ではなく、今現在、仏教以外の宗教では、肉体は死んでも魂は滅しないと信じられている。キリスト教では、死んだ人間も最後の審判のとき再び蘇り、神の審判により、一方はパラダイスで永遠に楽しみ、他方は地獄に落とされ、これもまた永遠に苦しむという。死後の世界と神の実在を信ずることが彼らの信仰の大前提である。神や死後の世界の実在は、信仰の世界であり、客観的に証明できるものではない。実在するかどうかは論争しても埒が明かない。水掛け論に終わる。最後は声の大きい、力のある方が勝つだろう。

釈尊は、このような形而上学的な問題には、「無記」といって、肯定も否定もされなかった。

一、世界は常住であるか、無常であるか。

二、世界は有限であるか、無限であるか。

三、霊魂と身体とは同一であるか、別異であるか。
四、如来は死後に存在するか、存在しないか等々。
これらの問いに対し、あるともないともおっしゃらず、「毒箭《どくや》の喩え」で応じられた。毒矢に射られた者が、もし射た者のカーストや姓名・身長・皮膚の色・住所・弓矢の材料などを問い議論し、それがわからぬ内は毒矢を抜いてはならないとしたら、毒が回って死んでしまうだろう。何を置いても先ず毒矢を抜くことが大事なことで、それ以外のものはどうでもよいことであると。

無記とは、悟りに導かない観念の遊戯に近い形而上学的問題に対し、この世の森羅万象は、無数の因縁関係にあり、仮に存在しているだけの話であり、そのような問いには肯定も否定もしないでほうって置くという意味である。縁起の法から言えば、死後の世界の有無などにこだわるのは真実の理法を知らないからである。条件次第でどちらも本当であるし、どちらも間違っている。共に形而上の証明できない問題である。後に仏教では、空という言葉で、これらの問題を解明した。空は有無を同時に包容する。有に非ず、無に非ず、有無が出てくる所を空と表現する。

現代人は、学校で基礎科学を学んでいるので、あらゆる存在が時々刻々変化して、一瞬たりとも留まらないことは理の上では知っている。毎日顔を会わせていると昨日も今日も何も変化していないように見えるが、ミクロの世界ではどんどん変化して、新しい細胞が生まれ、古い細胞が死んでいく。一つとして同じ形を維持するものはない。微妙に変化している。変化するのは時間があるからである。時間は留まらない。

唯我々は、時間を切って分別した方が便利なものだから、つい時計を作り、静止画像のように時間空間を分析してものを考える習慣がついている。本当は生も死も動いて止まないものなのだがいつの間にか、生と死とを分けて考え、別物のように考えている。死んだからといって停止するものではない。肉体が動かなくなっても細胞の変化は続いていく。

この無常を成立させる原理は縁起にある。この世で単独で存在する実体のあるものは一つもない。お互いが無数の因となり縁となって成り立っている。どれ一つ欠けても成り立たない。これ以上分析できない実体的な最終物質など無いということである。縁起によって動いていることを無常という。無常と諸法無我の縁起説は不可分の関係にある。

無常というと、『平家物語』の巻頭にある「祇園精舎の鐘の声、諸行無常の響きあり云々」をイメージするので、「どうせこの世は思い通りに行かない、死ねばおしまいだ」という虚無感を表すように思われている。キリスト教から、仏教は虚無主義だと批判される根拠となっている。この場合の「無常」はどちらかといえば、感傷的な「無情」に近い。虚無も「きょむ」と読むか「こむ」と読むかでは、意味内容がまったく異なる。前者は虚無主義（真理・価値・超越的なものの実在や観念をことごとく否定する思想）を表し、後者は虚空と相通じ、無限、無碍、平等、広大、清浄、無相、不動など、一切を容受する悟りの世界を顕す。仏教では、悟りの世界をよく「虚空の如し」と表現する。「真実は如来なり、如来は真実なり、真実は虚空なり、虚空は真実なり、虚空は仏性なり、仏性は真実なり」とお経（『涅槃経』）にあるように、むなしい意味での「虚」ではない。『般若心経』の「色即是空、空即是色」の空が、虚空の空の意味であり、有無を内在しながら超えて包む広大無辺な真理の世界を表現している。真理の世界に導く仏様の祈りを本願という。本願とは「公の願い」である。公の願いとは、私の願いでなく無我の願いである。皆が平等に幸福になりたい、苦から離れたい、地獄・餓鬼・畜生道から脱出したい、争いの無い平和な世を作りたいという人類共通の願いである。諸行無常というと、種々に変化し何事も思い通りに行かないむなしいものと考えがちだが、それは相手を蹴落としても自分が幸せになろうという煩悩の眼で見るからである。無常であるが故に、善にも悪にも変化するが、皆でお互いの幸福を祈るなら、良い方に変化していくのである。「四弘誓願文《しぐせいがんもん》」や「五大願」に「衆生無辺誓願度」（衆生は無辺なれども誓って度せんことを）とあるが、自分のことは勘定に入れず一切衆生を救おうという菩薩の無私の祈りが、煩悩を菩提に変えていくのである。個人の立場から見るなら、この世は何事も成就しにくい、思い通りに行かない無常のむなしい世界かもしれないが、無我の立場から見るなら無常なるが故に煩悩に左右されない公の願いが成就していくのである。無常という時間は、時間に特定の色が着いているわけではない。喜怒哀楽は煩悩によって着けられた時間の感覚である。もともと時間は無色透明で何事にも汚されない、善人にも悪人にも時間は平等に及ぶ。

無常を無常として、厳粛な事実であると、ありのままに、静かに受け入れ、無常の他に、常住を求めない。諸行は無常であると信知するとき、諸行無常の中に安住することができる。それを生死即涅槃と呼ぶ。諸行無常という言葉そのものが悟りを開いた仏陀の言葉である。それを頂けばわが身にも諸行は無常であると響いてくる。

『いろは歌』が、諸行無常ということを日本語で簡明に表している。

「色は匂へど散りぬるを、わが世誰ぞ常ならむ、有為の奥山今日越えて、浅き夢見じ酔ひもせず」

諸行無常と悟ることは、夢うつつにトランス状態になることでもなければ、光明に酔うように我を忘れる事でもない。静かに厳粛な現実を受け入れる自覚の世界である。

（平成20年5月号）

インド仏教復興の父　アンベードカル博士

倉敷講習会が終わった時、五月十一日に、岡山で佐々井秀嶺《ささいしゅうれい》師の講演会があると佐伯隆快師から聞き、喜んでこの勝縁に参加した。佐々井師のインドにおける獅子奮迅の活動はつとに聞いていたが、直接謦咳に接するのは初めてである。岡山仏教会主催の講演会で、市内の山佐本陣が会場だった。岡山出身の佐々井師にとって、四十数年ぶりの帰郷でもある。写真や本で見ていた通りの日焼けした顔で、浪曲で鍛えられた腹にしみる声で話された。すべて体験談なので説得力がある。聴講は定員二百名だが二五〇名を越えていた。佐々井師の経歴については、山際素男氏の『破天』（光文社新書）に詳しく描かれているので、一読を薦める。インド仏教徒の現状を知るには必読の書だと思う。

この佐々井師に決定的な影響を与えたのはアンベードカル博士である。小生が博士の名前をはじめて聞いたのは、学生時代、先輩から『インド社会と新仏教―アンベードカルの人と思想』（刀水書房・山崎元一著）を紹介してもらった時である。佐々井師は直接博士には会っていない。師は一九六八年霊鷲山《りょうじゅせん》の麓の道場で、深夜の瞑想中に、ある老人が幻の如く目の前に現れ、「われは竜樹なり。汝速やかに南天竜宮城へ行け。汝の法城は我が法城。我が法城は汝の法城なり。南天鉄塔もまたそこに在り」というお告げを受けたという。その体験から中インド・ナグプールを尋ねていったところ、白髪の老人の写真を見、その人はまさしく夢幻の如く現れた老人と同一人物であったので、どなたかとたずねたらアンベードカル博士だと教えられた。博士はすでに一九五六年に亡くなっていたが、佐々井師はアンベードカル博士の仕事を引き継ぐことが自分に与えられた使命と感じ、以後ナグプールを根拠地として、何千年もカースト制に迫害されてきた不可触民の中に入り布教していく。

さて、インドでは今もカースト制度が現実社会を牛耳っている。よくインドを訪れた日本人は、カルチャーショックを受けたというが、本当の意味でのカルチャーショックではないと思う。佐々井師は、インドには二つのインドがあるという。一つは吾らがよく観光旅行で見る一般的な宗教国インドである。もう一つはインドの人口の八五パーセントを占める迫害されてきた低カーストや不可触民の住むインドである。

佐々井師は本当のインドを知りたかったら五年間不可触民の中で生活すれば分かると言われた。

カースト制度は、ヒンドゥー教の教えからきている。ヒンドゥー教は人間を大雑把に四つの階級に分ける。先ずトップがブラーミン階級で僧侶たちである。次はクシャトリア階級で王侯・貴族・戦士たち。三番目がヴァイシャ階級で商人。四番目がシュードラ階級で、上位三階級に奉仕する労働者や農民である。更にこの下に触れるだけで穢れとされる存在と人為的に作られた不可触民がいる。割合から言うと、ヒンドゥー教徒の内、ブラーミンは五パーセント、クシャトリアは七パーセント、ヴァイシャは三パーセント、シュードラは六十パーセント、不可触民は二十五パーセントといわれ、八十五パーセントが低カースト、或いは隷属階層ということになる。しかし、このカースト別人口はイギリス政府が一九三〇年に発表して以来、一度も再調査されていないので指定カースト（不可触民の別称）はもっと多いといわれている。

とにかく、指定カーストたちはヒンドゥー教においては三千五百年に渡り虐げられてきた。肉体労働はもちろんのこと、人間・動物の死体処理、糞尿処理、ごみ集め、獣の皮剥ぎ、竹・藤細工、鍛冶職人など不浄とされる一切の仕事を強制され、他のカースト同様、子々孫々世襲化されていった。彼らは、井戸、貯水池の水も飲めない、街を歩く時は痰壷を首から提げ自分の足跡をホウキで消しながら歩く、死んだ獣肉を食べ、ヒンドゥー教徒でありながら寺院にも入れない、上位カーストの影を踏んでもいけない、ホテル・乗り物・学校・裁判所・役所・病院等社会的施設の総てから拒否され虐げられてきた。逆に、ブラーミンは学問・教育を独占し、彼ら以外にサンスクリットを教えることに猛反対し、特に不可触民が啓蒙され差別に目覚めることを恐れた。何故なら不可触民を奴隷として使う特権がなくなるからである。

アンベードカル博士の生い立ちはというと、牛糞にまみれた不可触民の子として生まれ、多くの迫害や差別という環境の中で刻苦努力し、勉学に励んだ。学問をしながら、この理不尽な差別を無くそうと心に誓った。やがて世界的な最高学府コロンビア大学やロンドンの大学に学び、独力で法曹界・政界に地歩を築き、遂にインド憲法の父と崇められるに至る。アンベードカル博士は、ヒンドゥー教徒として差別をなくそうと晩年まで努力した。自ら学んだ知識や弁護士の資格をフルに活用し、政治的に差別問題を改革しようと少しずつ法律を変えていった。貯水池の水を誰でも平等に飲めるようにとか、ヒンドゥー教徒ならヒンドゥー寺院に誰でも入ることが出来るようにとか、今の日本人には考えられない差別が行われていたからである。しかし、カースト制度自体がヒンドゥー教から生まれ、神々によって定められた神聖なる制度というのだから、ヒンドゥー教を信じている以上、ブラーミンを中心とした三階級に永久に奉仕する立場から逃れることは出来ない。

あの独立運動の英雄ガンジーでさえカースト制度擁護にまわっている。不可触民を神の子ハリジャンと呼びかえるだけで、不可触民救済を政治問題にしてはいけないと主張し、差別解消は、ブラーミンたちの懺悔と改心を待つべきだと百年河清を待つが如き言い訳に終始した。

これに対し、アンベードカル博士は「あなたが不可触民問題について考え始めたことは知っています。もし会議派が誠意をもって行動に移していれば不可触民制の廃止を日常的実践条件にできたはずです。不可触民のだれかを家で雇ってやるとか、不可触民の学生を援助してやるとか、少なくとも週一度くらいは不可触民と一緒に食事をするとか、それらをしないなら会議派のメンバーになれないとかできたはずです。ガンジー、私には祖国がありません。犬や猫のようにあしらわれ水も飲めないようなところをどうして祖国だとか、自分の宗教だといえるでしょう。自尊心のある不可触民なら誰一人としてこの国を祖国と思うものはありません。この国がわたしたちにあたえる不正、虐待は余りに大きく、意識的、無意識的にこの国に反逆するようなことになったとしてもその罪はこの国にあるのです」。ガンジーはインド政界のボスとして、アンベードカル博士がなぜ反論するのか訝った。そのときまでアンベードカル博士が差別問題に関心を待ったブラーミン出身だと思い、不可触民出身であることを知らなかった。不可触民がまさかコロンビア大学の博士号を取るなど思いもよらなかったのである。後に、ガンジーは、不可触民が別枠で国会議員を出す法案を「死に至る断食」（法案を通すなら断食で死ぬ）という脅迫でつぶした。

アンベードカル博士は、晩年に至るまでヒンドゥー教を捨てず、不可触民の地位向上のために努力した。インドが独立する時、ネルー首相に請われて法務大臣になり、インド憲法制定に尽力した。一九四七年四月二十九日、制憲議会は、「いかなる形における不可触民制も廃止し、不可触民への差別は罪とみなす」という宣言を行った。しかし、現実面では、相変わらずカーストによる差別が横行していた。差別問題を解消しようとすればするほど、マヌ法典やヒンドゥーの教そのものが差別の根源になっていることが如実に浮かび上がってくる。ヒンドゥー教をやめない限り本当の平等な権利を得ることができない。不可触民が差別から離れることが出来るのは、差別をしない他の宗教に改宗するしかなかった。それらは、差別をしないイスラム教徒かキリスト教徒、仏教徒になることである。

ヒンドゥー教を止めるとしても、どの宗教に改宗したらよいかアンベードカル博士も始めは躊躇したが、晩年仏教に改宗するしか平等な道はないと確信するに至った。BBC放送はアンベードカル博士の講演を放送した。「私は何故仏教を選んだか。それは、他の宗教には見られない三つの原理が一体となって仏教にはあるからである。即ちその三つの原理とは、理性（迷信や超自然を否定する知性）、慈悲、平等である。これこそ、人々がより幸せな人生を送るために必要とするものである。神や霊魂では社会を救うことは出来ない。人々が一番しなくてはならないことは、仏陀の教を現実に具体化することである」と。

アンベードカル博士は亡くなる二年前、持病の糖尿病が悪化し、見舞った人々は彼の死をまぢかに感じた。六十三歳になり、遂に博士は仏教に改宗することを決意した。その改宗式の場所をナーガルジュナ（龍樹）が仏教を広めた中インドナグプールにした。一九五六年十月十四日、ナグプールに集まった三十万人の不可触民も、博士と一緒に仏教徒に改宗した。「ガンジーに言ったことがある。不可触民制であなたと意見を異にするが、時が来れば、わが国に一番害を与えない方法で新しい道を選ぶであろう、と。仏教を選ぶことによって一番良いやり方でこの国に寄与したと信じている。仏教はこの国から生まれた文化の一端であるからだ。改宗によってこの国の文化的、歴史的伝統を傷つけない最良の道を自分は選んだのだ」。今インドでは、イスラム教徒が一億人いる。彼らはアッラーの神に忠誠を誓うので、インド政府は頭を痛めている。隣のパキスタンのイスラム教徒（八千万人）よりインドのイスラム教徒の方が多いのだ。十三世紀から十九世紀までムガール帝国が君臨した長い歴史があるだけにインドでのイスラム教徒は侮れない勢力を持っている。インド各地にモスクがありイスラム教徒が集中している都会もある。またインドはイギリスの植民地であったことから、キリスト教に改宗する人もいる。しかし両方とも妥協を許さない一神教である。アンベードカル博士が言うように、同じ改宗でも非暴力を戒律にする仏教に改宗するなら摩擦も少ない。不可触民が理不尽なカースト制の悪質な虚偽に目覚め、自立しようというのは歴史の流れであり道理に適った運動であり、もはや誰にも止められない。

釈尊は、人間の価値とは、生まれによって決まるのではなく、その人が何をしたかによると、カーストを明確に否定した。もし釈尊が現在おられたら、恐らくカーストは間違っている、真実の理法に反した制度である、すぐ止めなさいとおっしゃるであろう。カーストの差別がない日本人にはこの言葉の意味することが理解できない。せいぜい親が有力者だから偉いのではないか位の感覚であろう。

このアンベードカル博士の遺志を継いで命がけで仏教を広めているのが佐々井秀嶺師である。日本の全日仏や一部の仏教徒はなぜかアンベードカル博士や佐々井師に対し、冷たい態度で接している。「彼らの運動は真の仏教ではない。政治的過ぎる。不可触民問題と信仰は分けるべきである。戒・定・慧を修し、悟りをひたすら求めるべきだ」と批判している。ならば、どのようにしてインドで仏教を復活させていくのか。何千年も宗教に裏付けられた世襲カースト制で虐げられている人々をどのように救っていくのか。悟りを求め瞑想にふけるのも一つの道かもしれないが、最下層のインド民衆はついてこないだろう。安全で自由を謳歌できる日本にいてこそできる批判である。今のインドでは、先ず差別され続ける人々を仏教で済度し、仏教徒の数を一人でも多く増やし、発言権を持つことが必要である。佐々井師は、インドの仏教はまだまだ生まれたばかりで、これから徐々に大きくなって仏陀の教を広めていく段階であるという。それには改宗式を正式に挙行し、仏教徒としての自覚を持たせ、仏法僧に帰依し、五戒を守り、仏像に礼拝することを子供の時から教えていく。これに、三つのスローガンを加える。第一にカーストによる差別に反対。第二に、差別を定めたヒンドゥーの神々を信じない。第三に、インドを仏教国にしようという。ちなみに、佐々井師はインド国籍を取り、公用語であるヒンディー語や方言であるマラティー語を話し、民衆の中に入って活動している。

今、佐々井師たちが大きな目標としているのは、ブッダガヤの管理運営権奪還運動である。ブッダガヤは、仏教聖地のなかでも唯一遺跡が良好に残っている一大聖地である。故に、毎日の如く世界各地から仏教徒が集まりお参りする。当然お金を落としていく。ヒンドゥー教徒にとってはたまらないドル箱である。

私も数年前、密門会会員とここにお参りしたが、そのとき目にした腹立たしい思い出がある。それは、釈尊が悟りを開かれた大塔の中に入った時、こともあろうにヒンドゥー教徒の修行者がかれらの本尊であるリンガ(男根と女陰をシンボル化したもの)を祀って拝んでいたことである。もし仏教徒が管理しているなら仏教を冒瀆する行為としてつまみ出すべき狼籍である。佐々井師たちのブッダガヤの管理運営権奪還運動は当然のこととして私は応援したい。裁判でもデモでも暴力に訴える行為をとらないで意思表示はしていくべきだと思う。

残念ながら今のインドでは、カースト制撤廃を避け、智慧と慈悲を説く方法だけでは、仏教は受け入れられない。公表では仏教徒の数は八百万だそうだが、実際は一億人はいるという。佐々井師の見方によると、隠れ仏教徒（ヒンドゥー教徒でいれば教育を受ける特典など与える保護制度により、うわべはヒンドゥー教徒だが心の中では仏教を信じている）を入れると三億人はいるという。なにしろ十年に一度の国勢調査もブラーミンが取り仕切っているので正確な数はわからないという。本当の数が分かると困るからである。

仏教の布教方法はその国によって様々な特徴があると思う。中国では儒教や道教の関係を無視することは出来ない。日本では神道との関係があるように。インドで無視できないのは、カースト制により、ブラーミン達に差別され奉仕させられている八十五％（インドの人口が十億二千万人なら八億人以上）の差別を受けている大衆がいるという事実である。仏教徒に改宗することは無理なく自然に、差別のくびきから解放されることになる。インドの伝統文化に根ざしたブッダの教に帰ることば、一神教のイスラム教やキリスト教に改宗するより摩擦が少ない一番妥当な道だろう。アンベードカル博士は、これこそ仏教が復活する起死回生の好機であると、カースト制を逆手に取って仏教復活運動を起したといえる。

仏教発祥の地であるインドの仏教徒が現在置かれている状況についてわれわれ仏教徒は知るべきであり、また応援できることは宗派を超えてすべきである。そうしなければ、日本の仏教は世界の仏教になれない。佐々井秀嶺師の活躍を祈る。

（平成21年6月号）

参考図書　共に光文社新書
『アンベードカルの生涯』　ダナンン・ジャオキール著　山際素男訳
『不可触民と現代インド』　山際素男著
『ブッダとそのダンマ』　B・Rアンベードカル著　山際素男訳
『必生　闘う仏教』　佐々井秀嶺著（集英社）

お帰りなさい

数日前、私は気の置けない友人に連れられ、彼の行きつけの小料理屋に行ったことがある。友人はその店の常連らしく、われわれが店に入ると、女将さんが「お帰りなさい」と、慣れた手つきで上着を脱がせ衣紋掛けにかけてくれ、そして飲み終わって帰り際には、今度は「行ってらっしゃい」と送り出された。その時、なんとなく妙な感じがしたのは、彼女が言ったことは、まるで家庭で奥さんがだんなさんに言う台詞だったからである。恐妻家の友人には耳に心地よい響きだったかもしれない。確かに「お久しぶりね」とか「又いらしてね」といわれるより、「お帰りなさい」とか「行ってらっしゃい」と言われた方が、又行きたくなるからかも知れない。男の心理を突いた名文句である。しかし、後に某新興宗教でも同じ台詞《せりふ》を使っていると聞いた。信者が本部に行くと、本部の事務員がそろって「お帰りなさい」と声をかけるのだそうだ。教祖様や神様がましますお本部へお参りすることは、わが家に帰る以上の功徳があるとでも言うのであろう。どちらがまねをしたのか分からないが、うまいことを言ったものである。

われわれも普段家を出るとき、「行ってまいります」というのに対し、家族は「行ってらっしゃい」と送り出す。又帰宅の時は「ただ今」といい、それに対し「お帰りなさい」と応える。出かけるときも帰る家があるから安心して、行ってまいりますと出かけられる。

ストレスの多い我らには、どんなときも安心して帰れる心の故郷とでもいえる場所がほしい。確かに家庭はあるものの、そのままそこが心の究極の拠り所とはいえない。われわれは、その拠り所を趣味に求めたり、ボランティア活動に求めたり、或いは思想に求めたりする。最後は宗教に心の拠り所を求める人は多い。そこでその拠り所となる宗教の選択が大変重要となってくる。

宗教と言っても多神教、一神教、仏教などたくさんあるが、仏教を除けば、みな自分以外に霊的存在である神が本当に実在するのだと、ひたすら信ずる教えであると言って過言ではない。

しかし、仏教だけは自分の外に神をおいて信じることはしない。仏教では自分の外に神を信ずる道を外道《げどう》という。仏教は自身の内面に仏つまり悟りを求める内観の道、内道である。内道ではあるが、内面に悟りを求めていく過程において、自分の修行の力で悟りを得ようとするなら、日暮れて道遠しで、一生かけても果たして到達できるかどうか分からない。信仰というものが外に向かって心霊や神を求めていくなら迷信となりやすい。どうしても神に支配されることになる。それに対し、信の根源を内に求めていくのが正しい信心というものである。

大師は「**仏法遥かに非ず。心中にして即ち近し、真如外に非ず、身を捨てて何くんか求めん。迷悟我に在れば発心すれば即ち到る。明暗《みょうあん》他に非ざれば信修すれば、忽ちに証す**」（『般若心経秘鍵』）と、自分の内面に仏を求めていく信仰が正信で、自分の外に仏法を求めていくのは間違いであると言っておられる。仏法の信仰は信仰の中に信仰の根源を求めていく。

大師がはじめて『大日経』に出遭った時、仏は自分の心中にあるとは思っていたが、いまひとつ明確ではなかった。しかし、『大日経』を読んで、自分自身の中にある清浄な心が仏である、われわれの本性は清浄なものであり、わが体内に自仏・外には他仏がましますと、驚き覚られた。それまでは自分を超えたところに仏が在ると思っていた。仏法に照らされた自分自身を素直に受け入れた時、煩悩のあるままで、しかも自心が清浄であることを知らされたのである。「如実知自心《にょじつちじしん》」（ありのままに自分の心を知る）とはこのことを言うのである。煩悩なんか本来無いものだと理論で押していくのではない。仏法により素直に煩悩に迷う自分自身の現実相、現行《げんぎょう》を知らされた。

しかもこの仏は浄土で端座されている静的仏ではなく、現にわれら衆生を救わんがため、われわれ衆生に代わって種々の行を修行され、その功徳を真言に込めてわれわれに与えておられる動的仏である。われわれが道なき道を自ら切り拓いて歩むのでなく、すでに仏が道を開いてくださっている。われわれが一歩進めば仏もわれわれに向かい一歩近づいてくる。あたかも対面交通のようなものである。われわれが仏に向かって進むと同時に仏がわれわれに向かってやってくる。われわれは過去を背景として未来に進むが、仏は未来から現在に向かう。過去現在未来と流れるだけが時間ではない。未来から現在、過去と流れる時間もある。このような表現はまだわれわれと仏との間に距離があり、遥か彼方から仏が近づいてくるようだが、密教的に表現すると「加持感応」や「入我我入」「即身成仏」「三密加持速疾顕」という表現である。仏の方から我に入ってくださる。仏が我身に成ってくださる。だから即身に成仏を証明されるのである。われが成仏するというより、仏がわが身口意三業となって宿業を浄めて下さる。これを三密加持という。

すなわち、われわれは仏からすでに加持されている。加持されているから、我は同時に仏の祈りに包まれる。仏がすでに救われる道を成就してくださったからこそ、われらは難行苦行しないで、その道を歩むことができるのである。この道は我のみ歩む一方通行でなく、根源の仏も歩み来たる対面通行である。本来の自分の故郷に帰る道である。行くことが帰ることとである。一方通行でなく仏と出遭う道である。われらが往くと同時に仏が迎えてくださる。大師は「還源《げんげん》を思いと為す」とおっしゃった。未知の世界に行くことを帰るとは言わない。還も帰も元来た道へ帰ることをいう。われらはなつかしい故郷を迷い出でて、帰れなくなっている。仏は、それを憐れんで帰る道を教えてくだされた。

帰るは、帰命・帰依にも通ずる。ここが表意文字である漢字の妙味である。表音文字では表わせない。仏法僧に帰依する。三宝に帰依することは、仏法こそわれらが帰るべき故郷である。何も特殊な世界に行くことではない。当然帰るべき故郷である。それを「おんあびらうんけん」と言う。

大日如来真言おんあびらうんけんの「おん」は帰依・帰命・信心を表す。「あびらうんけん」は帰依するわれら衆生を救わんとする大日如来の本誓《ほんぜい》・慈悲を意味する。「おん」と「あびらうんけん」の間には髪の毛一本入らない。即で連なっている。おんと念ずれば、あびらうんけんと応えてくださる。おんあびらうんけんの真言の中に、救いを求めるわれと、それを救わんという大日如来の本願が働いている。われと如来は二つであるが不二である。なにも一体にならなければならないということではない。如来の深い悟りの世界を開けば、「**地獄・天堂、煩悩・菩提、生死・涅槃、辺邪・中正、空有・偏円、二乗・一乗、みなこれ自心仏の名字なり。いづれを捨ていづれをか取らん**」（『十住心論』序）と、答えられる。

一見反対の立場にあるものが悟りの目から見れば矛盾しない。別の名で表現したに過ぎないのだ。仏の目から見れば、凡夫のままで仏様に等しいとおっしゃっている。無理に一体化すると神秘主義になる。

冒頭の話に戻れば、われわれが「行ってまいります」言えば、如来は「お帰りなさい」と応えてくださる。外に仏を求めるなら、われと仏とが矛盾するが、内面に仏を求めるなら、なんら矛盾しない。われが仏を念じれば、仏がわれを念じてくださる。

仏がすでにわれわれを信じてくださるが故に、われわれは自然に仏を信じることができるのである。同体大悲である。仏教では、仏を信じることと自分を信じることはひとつのことである。

如来より賜《たまわ》りたる真言を念誦するとき、如来は、いつでも、どこでも、誰でも、お帰りなさいとわれらを迎えてくださる。

（平成21年7月号）

君し踏みてば玉と拾わん

毎年、八月十五日近くなると、マスコミは総理や閣僚が靖国神社に参拝するかどうか、ことさら問題にする。靖国神社は、あたかも行ってはいけない悪所の如き扱いである。勝者の一方的な報復である東京裁判史観がまだまだ生きている。つまり、日本は、アジア各地を植民地にして搾取した悪い侵略国家であり、欧米の連合国が、日本に侵略されたアジアを解放したのだという歴史観である。

歴史は勝ったものが自分の正統性を誇示するために、倒した敗者をことさら悪く書くのが通例になっている。百五十年前、徳川幕府を倒した薩長は、長らく鎖国をし、海外との交流を禁止した徳川幕府を、どうしようもない封建的な無能政権と書く。われらが幕府を倒したから、日本の近代化ができたと自画自賛する。しかし最近の研究で、実際は、幕府の有能な役人たちが日本を支えてきたことがわかってきた。江戸時代には、学問や教育が充実し、豊かな教養と文化があったからこそ、明治維新という近代化がスムーズにできたのだと、江戸時代を再評価する機運が高まっている。

確かに、勝てば官軍負ければ賊軍で、勝者はすべて正しく、敗者はすべて悪いとされるのは人間の性《さが》としてはわからないわけでもないが、時間が経過し、事実に即した目で見るなら、そんな単純なものではないことはわかるはずである。日本は、初めて外国との戦いに敗れ、呆然自失し、負ければ何をされても仕方がないと、気持ちまで負け犬根性になってしまった。ヨーロッパでは常に勝ったり負けたりしてきたので、この次は絶対やっつけてやるぐらいにしか敗戦を考えていない。彼らは平和とは、戦争と戦争の谷間と思っている。日本のマスコミや左翼のように、平和というお題目を唱えていれば平和でいられるとは考えていないのである。

七年に渡る巧妙な占領政策は日本の隅々までいきわたり、新憲法、東京裁判、安保条約の三点セットにより、日本が絶対に、欧米列強に反抗できない、アメリカの隷属国家にされた。八月十五日を終戦記念日という呼称もごまかしである。正しくは敗戦日である。その意味で忘れてはならない日である。戦争の名称も、占領軍の命令により大東亜戦争から太平洋戦争に変えさせられた。なぜなら、当時アジアは日本を除けば皆イギリス、オランダ、フランス、アメリカの植民地だった。アジアの植民地を解放するのが大東亜戦争の大義名分だったので、連合国にとっては非常に都合の悪い名称であるからである。因みに、太平洋戦争と呼べと命じたアメリカは第二次世界大戦と呼んでいる。なぜならアメリカではスペインと戦争してフィリピンを植民地にした戦争を太平洋戦争としているからである。ご都合主義そのものである。

事実、日本は負けたが、アジアやアフリカの植民地は、戦後次々と独立していった。植民地の上がりで豊かな生活をしてきた列強にとって、彼らの五百年に渡るシステムを壊した非白人国家、非キリスト教国家である日本は許せない存在であった。

私は戦前の日本がすべて正しいとは言わない。確かに日清・日露戦争や第一次世界大戦で勝ち傲《おご》った。欧米列強にマネた点は反省すべきであるが、もし日本を侵略国家と言うなら同じ尺度で歴史的事実に基づいて欧米の植民地政策を見ないと公平さを欠く。日本が台湾、朝鮮を植民地にしたというが、欧米の植民地政策と冷静に事実に即して比較すれば、どちらが苛斂誅求《かれんちゅうきゅう》な搾取をしたか一目瞭然である。

こんなことを書くつもりでなかったが、八月十三日が近くなると、国の為命を捨ててわれを守った多くの英霊を思い出さずにはいられない。

今回は、万葉集の一首について述べたい。小生は和歌なぞに全く縁がない、田舎育ちで、青森で戦後を過ごした。東京に来ると、近所の悪ガキと外で遊ぶのが日課だった。東京に来ると、大学の友人の中には、百人一首を諳《そら》んじている人も多く、すごいなーと感心したものである。そんな詩歌に暗い私でも、忘れられない歌がある。それは、この万葉集の一首（よみ人知らず）である。

信濃なる千曲《ちぐま》の川の細石《さざれし》も
君し踏みてば玉と拾わん

意味は、信濃の国（信州）の千曲川の小石だって、最愛の貴方がお踏みになったなら、私はそれを玉と思って拾いましょうということである。名もない乙女が、恋人を思い歌ったものだろう。素朴だが、相手を思う恋心がにじみ出てくる歌である。一見なんの変哲もないただの小石ではあるが、きっとあなたが踏みしめたかもしれないと思うと私にとっては、かけがえない宝石に見え拾わずにはおられないと。

この歌を知ったのは、昭和四十五年（小生、二十五、六歳）頃、真成院を再建中、近所の貸屋に仮住まいをしていた時に、たまたま犬養孝先生のテレビ番組を見たからである。その経緯は、犬養孝先生の『万葉の人びと』（新潮文庫）から少し長いが引用したい。（　）内は引用者補注。

＊　＊　＊

みなさんも見てらっしゃると思うんですが、NHKで、いつだったか、「こんにちは奥さん（私の宝物）」という時間だったと思うんですが、もう大分前ですがね、こういうのを見ました。（出演した）八十をすぎたおじいさんとおばあさんが初めてそろって旅行をした。「どこへ行ったんですか」と（アナウンサーが）聞いたら、「鹿児島へ行った」という。戦争中、長男が鹿児島から飛行機（特攻機）で飛び発ったきり帰らないで戦死ということになっている。（遺骨もない）そこで、一度夫婦そろって息子が最後に飛び発った所を訪ねてみたいと思っていた。さて、現地に行ったら、雨が降っていたんです。そうしたら自動車の運転手が「おじいちゃん達、そういうことなら、いとわないからどこまでも行ってさがしてあげる」と言ってくれた。行ってみたらそこに飛行場なんかありゃしない。記念塔のようなものが立っていて、砂利が敷いてあった。おじいちゃんはその石が欲しかった。もしかしたら息子が最後に踏んだ石であるかも知れない。けれど公共のものだから、いただくわけにもいかないと思っていたら、運転手が、「ひとつ、坊ちゃんが踏んだかもわかりませんからお持ちになったら」と言う。「ああそう言ってくれるか、それじゃいただいていくか」というわけで、その石を持ってきた。「じゃ、ここにお持ちですか」ってアナウンサーが言ったら、おばあちゃんが、もう涙を出して、そして震える手で、ハンカチの中から石を出すんです。布きれの中からね。私は何の気なしに朝の御飯を食べながら横目でテレビを見ていました。そうしたら、涙がワアーッと出てきました。だって、おじいちゃんとおばあちゃんにとっては、ただの石ころがもう、息子そのものになっているんです。そうしたらどうでしょう、アナウンサーの方も鼻声になっていたし、それから（スタジオに）集まっているご婦人たちもみんな泣いています。あの瞬間、日本中を泣かしたんじゃないでしょうか、なんでもない小石一つが。

それは、本当は、関係のない、何でもない石かも知れない。その石が日本中の人を泣かせるというのは何でしょう。人間の心というものでしょう。心の厚みですね。石は石ですよ、平凡な。その石を、そういうふうに考えるというところに、人間の心の厚み、人間に対する頼もしさというものを感じます。（略）万葉は、千三百年も前で古いけれども、（略）本当に古くて新しい心、それが万葉の心ですね。

＊＊＊

犬養先生がそのテレビ番組を見た時に、即思い浮かべたのが「信濃なる千曲の川の細石も、君し踏みては、玉と拾わん」の一首だった。

私は、犬養先生が見たこのテレビ番組は直接見ていないが、犬養先生がその時感じたことを、後に別の番組（「女性手帳」）で語ったのを見て、私も声を出して泣いた。涙が止まらなかった。今考えても何故あれだけ感動したのかわからない。理屈じゃない、何か心を根底から揺さぶるものを感じた。小石を通して、戦争で息子を失った悲しみを静かに受け止めつつ、愛する息子に思いを寄せる親心が痛いほど伝わる名歌である。元は恋歌かもしれないが受け取り方はそれぞれ異なって良いと思う。

石といえば、大師の名句に、

「医王の目には途に触れてみな薬なり。解宝の人は鉱石を宝と見る。知ると知らざると誰が罪ぞ」（『般若心経秘鍵』）

がある。金銀宝石だけが宝ではない。見る目のある人には石ころでも宝と見る。この世の森羅万象は、六大無碍《ろくだいむげ》にして常に瑜伽《ゆが》なりである。この世のすべてのものは地水火風空識大の六大から生じた。小さな石でも六大によって成り立っている。石は地大の要素が大半だが、水も熱も動きも空間も更に識（心）もある。六大それぞれがお互い妨げることなく溶け合って石を維持している。

たった一個の石でも、それが存在することは地球があるからである。地球があるということは太陽系が存在することである。太陽系があることは銀河系が存在するからである。銀河系があるということはそれを受け入れる大宇宙が存在することである。石ころ一つが大宇宙と深くかかわっていることを示している。

先の和歌の如く、石は単なる物質でなく、心（識）も持っているからこそ、小石が人の心を動かすのである。人間と石が感応道交するのである。もちろん人間も一人一人が森羅万象と感応している。大げさに言えば、全宇宙に関わっている。「重々帝網《たいもう》なるを即身と名く」というのは、このことである。大師は、自分自身と自分を取り巻く一切が不即不離の関係にある事実を、即身と表現した。即身の意味は深い。

「三昧《さんまい》」ということ

九月に入り蝉の音が急に消えた。代わりに鈴虫や松虫の音が聞こえ始めた。日本の四季の変化はそれぞれ趣がある。寒い冬から桜の季節に変わる頃も良いが、その頃は新学期や受験、入社・転勤等を控えており、うきうきするものの、なんとなく不安定な感がある。むしろ夏から秋に変わる季節が私は一番好きである。暑くも寒くもない、空気も清涼で、月も美しい。また実りの秋で食べ物もうまい、錦秋、天高気爽、静かに夜長を過ごすには、読書三昧に親しむのがもってこいの季節である。

さて、読書三昧と言う言葉を使ったが、もともとこの「三昧」は、仏教用語である。仏教がわが国に伝来してから、千数百年経ているので、普段何気なく使う言葉にもたくさんの仏教用語が入っている。しかし、本来の意味からかけ離れた意味に使われているものが少なくない。「縁起がいい」「因縁をつける」「分別がない」「他力本願」などは、まるっきり反対の意味で使われている。この「三昧」もしかり。

われわれが日常使う三昧は、趣味など一心不乱に一つことに専念集中することを意味する。読書三昧、ゴルフ三昧、釣三昧、パチンコ三昧、贅沢三昧、放蕩三昧、悪行三昧、などあるが、あまりいい意味には使われていない時もある。

本来、「三昧」は、サンスクリット語・パーリ語Samādhiに相当する音写で、「三摩地」とも音写する。訳して「定・正定」や「等持《とうじ》」などとする。「定」は、禅定、静慮《じょうりょ》ともいい、細かく分析すると初禅からだんだん深まり四禅へと進むが、心を静めて一つの対象に集中し、こころを散らさず乱させない状態、或いは、その状態にいたる修練を指し、禅那《ぜんな》とか静慮《じょうりょ》と訳す。また悟りに到達する直前の心の堅固で不動なる状態を指す。また「等持」の「等」とは心の浮き沈みを離れて平等で安らかなこと。「持」とは心を一つの対象にとどめる意である。即ち心を一つの対象に集中して散り乱さぬ状態である。一般には、修行によって心の散り乱れるのを止め、安らかで静かな状態を三昧といい、心がこの状態に達したとき、正しい智慧が起こり真理を悟るとされる。仏教には、金剛三昧、念仏三昧、理趣《りしゅ》三昧、常行《じょうぎょう》三昧、般舟《はんじゅ》三昧、月愛《がつあい》三昧(*)などたくさんの用語がある。

実際、われわれが修行として三昧に入るには、さまざまの法門がある。月輪観《がちりんかん》、阿字観、五相成身観《ごそうじょうじんかん》などの観仏三昧のように坐禅を組んで静かに瞑想する修行方法や、念仏三昧やお題目を唱えるように声を出して三昧に入っていく法がある。三昧といっても何か好きな世界に没頭する意味での三昧なら苦も無く入れるが、精神統一的な三昧となると、なかなか思うようには行かない。いかないから益々がんばって三昧に入ろうと努力する。釈尊以来、諸先輩が、いかにしたらこの三昧に入ることができるか、ご苦労なされた。

成仏の法門として、日本では自力聖道門と他力浄土門の二つの系統がある。前者は禅宗に代表される。自らの修行により三昧に入る道である。後者は、自分の力では三昧に入ることは不可能であると、ひたすら如来の誓願を信ずる道で、浄土宗や浄土真宗がそうである。われら真言宗はどうかと言えば、私は後者に近いと思う。加持感応のないものは単なる自力だが、ただ加持力に裏打ちされた自力は他力と等しいものになる。その意味では自力とも他力ともいえる。ただ、仏の加持力によりたまわった信心であるから、絶対他力こそ密教の核心であると信じている。如来の大悲をありがたくいただくばかりである。その経証として『大日経疏』には、世尊は往昔《おうじゃく》の大悲願のゆえに、しかもこの念をなしたもう。もし我ただかくの如きの境界に住せば、すなわち諸の有情はこれをもって益を蒙ることあたわず。この故に自在神力加持三昧に住し、あまねく一切衆生のために種々諸趣の所喜見を示して、種々の性欲の所宜聞の法を説き、種々の心行にしたがって観照の門を開きたもう。…

（如来は昔立てた大悲願により、このように念じられた。もしわたしが自分だけの悟りに浸っているなら多くの迷える衆生は一生救われないだろう。この故に私は自由自在に加持し救うことのできる三昧に住して、あらゆる衆生の好みや性格・能力など考え、彼らの心の状態に添って自覚せしめる法門を開いた）

一体速疾《そくしつ》力三昧を以って無量の善知識を供養し、遍く無量の諸度門を行じ、自利利他の法皆具足し、…（仏が衆生と一体になってすばやく救う三昧を以ってたくさんの僧を供養し、あらゆる救済の方法を実践し、自利利他の法を皆備え…）

時に釈迦牟尼仏は宝処三昧（虚空より珍宝を出す如き三昧）に住して、…普賢は仏

境界荘厳三昧（仏の悟りの境界をかざる三昧）**に住し…弥勒は普遍大慈発生三昧**（あまねく偉大なる慈しみを生ずる）**に住し、観自在は普観三昧**（あまねく妙なる観察智の三昧）**に住し、金剛手は大金剛無勝三昧**（智慧堅固は比べることなく、四魔を対治する三昧）**に住す**

（『大日経疏』）

これらを見ると、どの仏も菩薩もみなそれぞれ特徴ある三昧に住しておられる。仏・菩薩は単なる固有名詞ではない。三昧に住し、本願（本源的祈り）を実践する動詞でもある。いかにしてこれらの三昧が生まれてきたかといえば、われらの迷い苦しむ業が仏をつき動かした。仏はわれら衆生が自分の力で三昧に入るのは不可能であると、われらに代わってわれらを成仏させる所の三昧に入られたのである。仏は娑婆世界に迷い苦しむ我らを見て、どうしても救わなければならないと誓願を建てられた。仏は我らと関係のない三昧に浸っているのではなく、われらを救うために各三昧に住して働いておられる。三昧はすでに終わった過去の境地でも、いまだやってこない未来の境地でもない。今現に働いている智慧・慈悲である。三昧に住していない仏はおられない。その三昧は個人的な悟りを求める禅定ではない。今現に迷い苦しんでいる衆生を救わなければならないという無私なる広大無辺な三昧である。

われらが求める個人的安心である三昧と次元が異なる。われわれが自身を統一して三昧に入るのは至難の業である。行ずることにより、いよいよ己の限界を知らされる。修練により一時は三昧に似た境地に入ることができるかもしれない。しかし、環境やそのときの体調や心理状態に左右され、いつでも思うように三昧に入れるわけではない。この思うように三昧に入れないわれらのために仏は三昧を開いて下された。仏の三昧は一切衆生を救おうとする無限の慈悲心である加持力に満ち満ちている。仏の三昧が生きて働いているのでわれらの救いが成立する。三昧が生きて働くとは、われらを禅定に導き、迷いを目ざましめる誓願が働いていると言うことである。誓願とは仏の祈りである。その祈りを信じ戴くことにより、わが身が仏の祈りに包まれる。その祈りはまた自分自身の祈りでもある。個人的な祈りが公の祈りに昇華せしめられる。誓願が発せられた故に、これを信じ念誦する衆生は救われるのである。その誓願の具体的働きが如来の三密加持力である。仏の祈りを先ず端的な言葉で現したのが真言である。仏の祈りが具体化したのが真言である。

真言を念誦するとは、仏と一緒に祈り、仏の祈りに包まれることである。なぜなら真言が即、仏であり、三昧であり、誓願であるからである。故に、真言念誦しているうちに、自然に心が休まり、正定といわれる安定した正しい精神状態に帰ることができるのである。われら密門会会員はせめて真言三昧に親しみたいものである。この意味でも「真言念誦行功徳表」を活用してもらいたい。

三昧とは、なにも不可思議な特別の心境ではない、本来立ち帰るべきわが心の故郷であろう。

＊月愛三昧…『大般涅槃経』巻二十に出てくる。「…ブッダは阿闍世のために月愛三昧という、月の光が人々の心を和らげるような、そのような働きを持つ三昧に入って、身体全体からまばゆいばかりの光明を放った。その光は清らかで涼しく、王の身体を包むように照らした。身体の傷は癒え、うっとうしい気分は除かれた。」（田上太秀訳）密教でいうお加持そのものである。

（平成21年10月号）

仏陀と如来

今年も残り少なくなりました。年末になると決まって「光陰矢の如し」とつくづく思う。

今年の密門会の秋期ハイキングは、上野の東京国立博物館で十月二日から始まっている「京都大報恩寺　快慶・定慶のみほとけ」展に行った。大報恩寺は通称千本釈迦堂で知られている古刹で、快慶と、行快、そして定慶の彫った仏像が有名であるが、この度、門外不出のこれらの仏像が初めて揃って東博で見られるというので、楽しみにしていた。寺内では、秘仏本尊釈迦如来像と十大弟子立像が現在別々に安置されているので、それが一緒に、しかも各像を三百六十度の角度から間近で見られることもあり、この日は慶派の仏像を堪能した。

快慶の釈迦十大弟子立像は、他の仏像と異なり、人間味が色濃く表現されている。快慶はインド人を見たことがなかったと思うが、羅漢像をモデルにして彫ったと思われる。それでも従来の仏像と比べるとインド人の面影が感じられる。ご本尊様として礼拝の対象として彫られた中央の釈迦如来像とはまるで違う。十大弟子といえば、それぞれ、智慧第一の舎利弗《しゃりほつ》、神通第一の目揵連《もっけんれん》、頭陀《ずだ》第一の大迦葉《だいかしょう》、解空《げくう》第一の須菩《すぼ》提《だい》、説法第一の富楼那《ふるな》、論議第一の迦旃延《かせんねん》、天眼第一の阿那律《あなりつ》、持戒第一の優婆離《うばり》、密行第一の羅睺羅《らごら》、多聞第一の阿難陀《あなんだ》等の一人一人の表情がみな異なる。それぞれの修行の歴史がにじみ出ているお姿である。

　釈尊のお弟子さんのことを仏とは呼ばず阿羅漢とお呼びしている。中には覚って仏陀になられたお方もおられたと思うが、釈尊のみ仏陀とお呼びしているのはなぜだろうか。釈尊に遠慮されたこともあるし、また羅漢さんの悟りは、個人的な悟りは成就されたが、釈尊のように、一切衆生を済度する悟りを得られたのとは異なるからだろうか。

　仏師たちは、ここのところを知っていたかどうかわからないが、明らかに羅漢さんと仏陀を区別して彫られているのは間違いない。十大弟子立像のどれを見ても、私たちから見れば親しみがある人間のお姿である。見るからに神々しい、思わず手を合わせる気持ちにさせる仏像とは違う。仏さまは完全な悟りを成就したお方だから、仏師も儀軌《ぎき》に随い、三十二相好《そうごう》を具えた仏像を彫ったのであろう。

ちなみに、悟りを開かれたお方の称号を、如来の十号といい、如来を除いた十の呼び名がある。

一、応供（おうぐ）。阿羅漢とも呼ばれ、供養を受ける資格のある人。供養した人にも何倍もの功徳があるという。

二、正遍知（しょうへんち）。般若心経に出てくる、「阿耨多羅三藐三菩提（あのくたらさんみゃくさんぼだい）」で、無上正等覚（最高のさとり）とも訳される。

三、明行足（みょうぎょうそく。）明（智慧）と行（実践）を具足した者。

四、善逝（ぜんぜい）。如実に彼岸に去り、再び生死海に戻ることのない者。涅槃たる善妙の地に行く者の意。

五、世間解（せけんげ）。世間をよく理解している者。世間で苦しむ衆生の悩みをよく理解し済度に導く者の意。

六、無上士（むじょうし。）戒・定・慧・解脱に於いて、この上ない最高の人。

七、調御丈夫（ぢょうごじょうぶ）。すべての人を良く訓練する御者のことで、仏は相手の状況に応じていかなる者でも必ず調御して、信仰や修行に導く。

八、天人師（てんにんし）。神や人々の師、三界のすべての衆生を教化済度する大導師。
九、仏（ぶつ）。仏陀のこと。自ら悟り、他を覚らせる者。
十、世尊（せそん）。婆伽梵（ばがぼん）とも呼ばれ、世間から尊敬され、世間で最も尊い人。

上述の内容をすべて持つものが、如来という言葉である。如来とは「如実に来たれる者」「真如より来生された者」という意味である。仏教が中国大陸に伝わったとき、漢民族は、悟りを「如」とか「一如」、「如如」、「真如」等の言葉で訳した。真如の世界から娑婆世界を見れば、実に多くの衆生が本来帰るべき故郷を知らずに迷い苦しんでいる。自然法爾《じねんほうに》の法はそれを見かねて真如の世界から人間の姿をとり、如来となって、この世に現れ、迷える衆生を済度する意味を持っている。「一如来生《いちにょらいしょう》」というように、一如から生まれた如来という言葉は、何故如来がこの世に現れたのかを具体的に表した言葉なのである。

十のお名前は、仏とか応供、明行足、天人師、世尊等、具体的に衆生を救うために現れたという意味より、勝れた偉大な指導者、聖者という意味が強い。如来と表現されて初めて、仏陀は個人的に悟りを開かれた勝れた偉人であるだけではなく、同時に迷える我らを救わない限り涅槃に入らないと誓われた如より来生されたお方であることが明らかになる。

このように、他の十号と比較すると如来の深い意味が分かる。仏陀と梵語で呼ぶより阿弥陀如来、薬師如来、大日如来のように何々如来と呼ぶとき、如来様は他でもない、この迷える私達の為に法界から救いに来られたという実感が湧いてくる。仏陀だけだと個人的に悟りを得た聖者という意味は分かるが、その聖者が自分と、どういう関係にあるかということが今一つ明確ではない。しかし、如来の十号と言われるように、仏陀も如来の意味に含まれるとするなら、仏陀は如来でなければならない。個人的に悟られただけでなく、同時に迷える一切衆生を救う使命感を持った仏陀である。

仏陀といえば、どうしても個人的に完成した羅漢（覚者ではあるが）をイメージするが、大乗仏教では批判的に、羅漢には衆生済度の使命感はないとみる。あくまでも個人の悟りを求め、下から上に上がっていくという形になっている。本当の悟りは、如来が上から下に降りてきた。一如の世界より衆生を済度するために、下に降りてきたのが如来である。

大乗仏教では悟りを開いたものは必ず衆生済度する本願を持っている。自利利他が双修されない仏・菩薩はおられない。釈尊は歴史上初めて仏陀になられたお方であるが、ブッダガヤで悟られてから、引き続き更に数週間、禅定に入られたと記録にある。最初に覚られたのは釈尊個人の悟りかもしれないが、釋尊がさらに数週間、禅定に入られたということは、仏陀が更に深い悟りを得られたことではないだろうか。私も最初は、釈尊が悟りを開かれた時、このような尊い真実の理法は、神々に自分の運命をゆだねている人々には到底理解できないだろうと一瞬躊躇されたが、梵天の勧請により、思いなおして、いかにしたら衆生がこの真実の道理を信じてくれるか、その方便を考えるために、更に禅定に入られたと思っていた。

しかし、釈尊は、悟りは自分個人の解脱だけでなく、本来一切衆生を救うことであると、如来の悟りに帰入されたのである。仏陀である釈尊が、即ち如来になられたということではないか。仏陀が仏陀に止とどまっている限りは、小乗仏教の羅漢である。修行の結果、悟りを得られたことは間違いないが、双六で言えば出発点から始まりついに到達点に至られた。これで完成したと釈尊が思ったとたん、個人の悟りは完成したが、悟りそのものは無窮であると、終わりのない世界だと気づかれた。なぜならそこに無数の救いを求め迷い苦しんでいる衆生を自己の内面に感得されたからである。

釈尊は、即無上正等覚の悟りに入られ、仏陀は元々如来であることを悟られた。すでに如来の悟りがあるから仏陀釈尊は、如来になられたのである。本来如来であるというところに衆生済度の使命を感じられた。その証左が、三十五歳で成道されてから八十歳で涅槃に入られるまで毎日の如く、衆生済度のために、弟子らを指導し、民衆に説法された。涅槃に入るまで、一人でも多く迷える衆生を救おうとされた御一生である。成道後の釈尊は、仏陀が如来になられたと思う。釈迦牟尼仏から釈迦如来になられたのである。

羅漢さんたちにとって釈尊は、偉大な指導者に見えた。自分たちも釈尊のように修行すれば煩悩を消滅し仏陀になることができるのだと、釈尊を人間仏陀として見、釈尊を目標にして修行に励まれた。人間が修行すれば仏陀に成れると多くの羅漢さんは信じて精進された。彼らが仏陀になると言っても、人間が仏陀に成るのであるから、やはり人間として有限な仏陀である。だから生きているうちは有余涅槃《うよねはん》と言い、肉体がなくなる時を無余《むよ》涅槃とした。その結果は、身も心も灰になる消滅する灰身滅智《けしんめっち》を最終目標にすることになる。人間としての釈尊は見えたが、如来としての釈尊は見えなかった。

この釈尊（仏陀）が如来であることの機微が、『大無量寿経』の序分に描かれている。阿難尊者は、釈尊の従兄弟でもあり釈尊が涅槃に入るまで長い間、侍者として身の回りのお世話をした。そのため一番釈尊の教えを聞いたので、多聞第一とたたえられた。

ある日、阿難尊者がいつものように釈尊にお目にかかったが、その日の釈尊は今までと全く違うお姿に見えた。


爾時《そのとき》、世尊、諸根悦予《えっちょ》し、姿色《ししき》清浄にして、光顔《こうげん》巍巍《ぎぎ》とましします

要するに今まで見たことがない威光に満ちたお釈尊のお姿を拝したのである。阿難尊者は毎日お世話していても、それまでは釈尊を人間としての仏陀としか見ていなかったが、初めて人間釈尊を通して如来に遇うことができたことを示している。姿は人間仏陀だが、そこに光り輝いているのは、衆生を救わんとする大慈大悲の如来だった。

ということは、阿難尊者も、覚り得たので今まで見えなかった如来に出遭ったのだ。

空海の開かれた真言密教の核心も、大日如来が我ら衆生を救うために、菩提心を因となし、大悲を根となし、方便を究竟となした。此の如来と仏との関係を明確に示している大師の『十住心論巻第十』から引用しておわりとしたい。

如来自証の法体は仏の自作にもあらず、余の天・人の所作にもあらず、法爾常住なれども、しかも加持神力をもって世に出興し衆生を利益したもう。（略）この真言の体相において、実の如く覚らざるをもっての故に、名づけて生死の中の人となす。もしよく自ら知り自ら見る時は、すなわち一切知者・一切見者と名づく。この故にかくのごとくの知見は仏の自ら造作したもうところにもあらず、また他に伝授したもうところにもあらざるなり。仏、道場に坐して、かくの如くの法を証しおわって、一切の世界は本よりこのかた常にこれ法界なりと了知して即時に大悲心を生じたもう。いかんぞ衆生は仏道を去ること甚だ近くして、自らを覚ること能わざると。故にこの因縁をもって、如来、世に出興して還ってかくのごとくの不思議法界を用いて、種々の道を分作し、種々の乗を開示し、種々の楽欲《ぎょうよく》の心機に随いて、種々の文句と方言をもって、自在に加持して、真言道を説きたもう。

（『大日経疏』巻七）

如来自証の法体は仏の自作にもあらずと、仏と如来の関係を明確にしている。仏あっての如来である。仏から如来も生まれた。此の如来と我ら衆生の関係は、二にして不二の関係にある。我の中に如来ましまし、また如来の中に我もある。だから即身に加持感応するのである。

（平成30年12月号）

真言救世者《ぐせしゃ》

毎年二月一日より涅槃会の十五日まで、真成院本堂で写経展を開催している。今年も会員から写経や写仏、揮毫の出展があり、本堂を荘厳した。小生も悪筆ながら毎回出している。今回は「真言救世《ぐせ》者止断諸悪趣」（真言救世者は諸々の悪趣である地獄・餓鬼・畜生道に落ちることを止め断ずる）の句を書いた。『大日経』具縁品《ぐえんぼん》の文句である。

真言はよく聞くが、「真言救世者」という言葉はあまり出てこないだけに、以前、隆弘先生に、こういう言葉がありますよといったら、「これはいい。真言の意味をよく表している言葉だ」とおっしゃったのを思い出す。

真言はもともと梵語でマントラ（曼荼羅）とかダラーニ（陀羅尼）と呼ばれる言葉の翻訳である。真言について空海は翻訳の経緯を次のように述べている。

陀羅尼を総持と名づくる所以《ゆえん》は、一字の中に一切の法文を含蔵す。たとえば大地の一切の諸物を含持するがごとし（略）諸経の中に陀羅尼を説くこと、あるいは陀羅尼、あるいは明《みょう》、あるいは呪《しゅ》、あるいは密語、あるいは真言なり。かくの如きの五つ、その義いかん。陀羅尼とは仏、光を放ち、光の中に説くところなり。この故に陀羅尼と明とその義異ならず。呪とは仏法未だ漢地（注・中国）に来らざる前に世間呪禁《しゅきん》の法あり、よく神験を発して災患を除く。今この陀羅尼を持する人も、よく神通を発し災患を除くこと呪禁の法と相似せり。この故に呪という。密語とは凡夫二乗は知るあたわず、故に密語という。真言とは如来の言は真実にして虚妄なし、故に真言という。しかるにみなこれ一辺を挙げて名づくるところなり。曼荼羅をもって真言の名となすのみ。」

（『秘蔵記』）

また、

真語者、実語者、如語者、不誑語《ふきょうご》（だまさないことば）者、不異語者の五種の言は、梵には曼荼羅という。

（『声字実相義』）

のように述べている。

これらを見ると、梵語のマントラとダラーニが、真言の語源になっていることがわかる。しかしこのダラーニもマントラも非常に広く深い意味を持っており、簡単に翻訳することはできない（※）。表面上の意味を訳すと原義が損なわれるのである。だから、真言は梵語そのものの音写であらわす。

たとえばオンアビラウンケン（大日如来真言）とかノウマクサマンダボダナンバク（釈迦如来真言）は、梵語の音写である。南無阿弥陀仏もナモアミタユスの音写で、似た音の漢字を当てはめただけである。故に、最初に真言を聞いた人は呪文かといぶかるのも無理はない。真言を呪文と間違うのは当時もそうで、真言の意味がわからないので、漢人は道教で用いられている呪文と似ていると思って呪と訳したのであろう。しかし、ここが大事なところで、真言と呪文は似て非なるものである。ここを間違うと外道になる。故に、空海は、「**呪は正翻にあらず**」と固く戒めた。

般若心経には最後に羯諦《ぎゃてい》羯諦波羅《はら》羯諦……と真言が出てくるが、呪と異なることを言いたいがため、翻訳の三蔵は、真言を是大神呪、是大明呪、是無上呪、是無等等呪のように、一般の呪文ではないことを強調して区別している。般若心経が訳されたときは、まだ漢土に密教が伝来していない時なので真言の本当の意味がわからなかったが、少なくとも道教の呪文とは違うことは感じていたようだ。空海は般若心経を顕教の経典ではなく密教経典と見なしていたから、後に『般若心経秘鍵』を著わし、この経典は般若菩薩の悟りの境涯を表したものだと宣言した。

空海は、奈良仏教界や天台宗に対し、密教と顕教が異なることを主張するため立教開宗された。その時に、宗旨の名称を真言宗とされた。本来なら、恵果和尚《けいかかしょう》から伝授されたのだから密宗と名乗るべきところ、敢て真言を宗《むね》とする仏教ということで真言宗とされた。曼荼羅宗でも金剛宗でもよかったのだが、真言密教と顕教は次元が違うことを、真言という言葉に込めて真言宗と名乗った。真言に始まり真言に終わるのが空海の開いた宗旨であることがこれからも伺える。

顕教と密教の相違点は多々あるが、まず筆頭に来るのは真言をとなえるか否かにある。日本天台宗の開祖最澄は、途中から密教を取り入れたので、山内では真言をとなえたに違いない。後の鎌倉仏教の祖師は、天台宗の比叡山で修行した方々であるから、法然上人、親鸞聖人、日蓮聖人、道元禅師たちも当然勤行では真言陀羅尼をとなえたはずである。法然上人は南無阿弥陀仏と阿弥陀如来の真言を称えた。道元禅師の開いた禅宗でも陀羅尼を称えた。南無釈迦牟尼仏や種々の陀羅尼である。陀羅尼を総持《そうじ》とも訳す。総持とは保持する行為、記憶の保持、精神集中など意味する。因みに、曹洞宗本山鶴見の総持寺は、真言寺の意味である。日蓮聖人は南無妙法蓮華経とお題目を唱えた。われらから見ると『法華経』の題目を唱えることは観世音菩薩の真言を称えるに等しい。なぜなら『法華経』は観世音菩薩の悟りの境涯を説いた経典である。そのタイトルにお経のエキスがすべて表現されているからである。空海は、『大日経開題』とか『法華経開題』とか、『大日経』や『理趣経』、『法華経』についてたくさん開題を書いている。お経の梵語のタイトルにそのお経のいわれが全て説かれているから経題を解き開いていくと、そのお経の言わんとしていることがタイトルの中にすべて含まれていると。どのお経もその主人公の仏・菩薩さまの真言をとなえることにより、その仏・菩薩の誓願に包まれ救われていくと説いている。密教の目から見れば、数々の仏典は、それぞれの仏・菩薩の誓願を詳しく説いたものである。故に、真言をとなえることにより、そのお経一巻を読むに等しい功徳がある。今や念仏やお題目、真言を称えない宗旨はない。厳密にいえば真言と念仏、題目とは、微妙な違いがあるが、空海の真言の教えが、後の仏教に大きな影響を与えていったのは間違いないと思う。

今回の巻頭言に取り上げた「真言救世者」は、衆生を何とか救おうという真理から生まれた祈りの言葉である。真言が生ずる根源は、真実の世界、悟りの世界が、迷い苦しむわれら衆生が発する救いを求める叫びに応じた慈悲心の表れである。衆生は無辺なれども救わずにはおられないと、真如法性の真実の世界から名乗り出たのが真言である。われらの祈りの言葉でもあるが、むしろ如来がわれらを救わなければならないと、色も形もない悟りの世界から具体的に立ち上がった。その祈りが言葉に現れたのが真言である。祈りはまだ言葉になっていないが、具体的に救おうと思い立ったときに言葉になる。しかも単なる言葉でない。必ず救おうという責任を持った言葉である。浄土教では本願力廻向というが、密教では如来加持力と言う。加持をしない如来はない。如来が加持したもうが故に、われらは救われるのである。加持力は救済力である。必ず救うぞという祈りが込められた言葉である。真言はもはや単なる固有名詞ではない。真言は如来を示す符号ではない。迷える衆生を救う動詞である。如来の名前というより、真言が即如来である。われらを必ず救うという祈りの言葉が「真言救世者」である。真言が即救世者であるという意味を込めて表現された。自分が真言を称えるというより、如来がすでにわれらを救おうと真言をもってわれらの身口意の三業に入っておられる。われらは、ただこの事実を信受するばかりである。

真言は如来がわれら衆生を念ずるとともに、衆生が如来を念ずる祈りの言葉である。応えてくれるかどうかわからない神に向かって祈る一方的なものでない。われらが救いを求め祈る気持ちが生じたのは、如来のわれらを救おうという祈りである。われらが祈らずにはおられないという心が生じたこと自体、即如来のわれらを救済する慈悲心である。仏教の祈りは一方通行ではない。如来の祈りは我が祈りである。如来の祈りがすでに成就しているので、如来の祈りが我が祈りになるのである。

思わず『般若心経秘鍵』の頌が口から出る。

真言は不思議なり、観誦すれば無明を除く、一字に千理を含み、即身に法如を証す、行行《ぎょうぎょう》として円寂に至り、去去《ここ》として原初に入る、三界は客舎《かくしゃ》の如し、一心はこれ本《ほん》居《ご》なり。

※曼荼羅をもって漢語に翻せば、いかんがいうべきや。曼荼羅は衆多の義を含す。相当のものなきに依って翻訳家翻せざるのみ。（秘蔵記）

（平成28年4月号）

陀羅尼門

陀羅尼門《だらにもん》とは、密教の別名である。なぜ密教が出現したか、密教はどのようにして生まれたか、どのような人々を対象にして生まれたのか、このことについて、空海は『大乗理趣六波羅蜜多経』を引用して、この質問に答えている。この経典は、空海が入唐《にっとう》し、正純密教を伝えた伝持の八祖の第七世である恵果《けいか》阿闍梨に会う前に長安の都で会った、般若三蔵から托されたものである。般若三蔵はインド・カシミールの婆羅門出身だったが、少年の時仏門に入り仏教を伝えることを誓って唐まで来た。更に機会があれば日本に渡りたいと思っていたが、寄る年波に勝てず諦めていたところ、偶然にも空海の来訪を受け、この勝縁に、自分が訳した新訳の漢訳経典と梵本を空海に託した。

この中に、『六波羅蜜経』があった。このお経には、密教がなぜ生まれたかが、簡明に説かれている。この経を見て空海は、若いころ、成仏することに悩まれ、奈良の大仏殿にて、我に不二を示したまえと熱祷されたところを思い起こされたに違いない。この経典を読み、密教が密教以前の仏教である顕教とどこが異なるかを理解し、ますます密教に対する自信を深められたと思う。

帰国されてから顕教と密教の差異を当時の仏教界に知らせるため書かれた『弁顕密二教論』に、最初に引用され、その後たびたび、この文章を経証として引用されておられる。この経典には、迷える衆生を仏教に導き入れ、教化し、目的を達成するため、集約して五の法門があると説く。以下少し長いが大事な経証なので引用する。

一つに素怛纜《そたらん》（スートラ・経典）、二つには毘奈耶《びなや》（仏教教団における規律）、三つには阿毘達磨《あびだつま》（論書）、四つには般若波羅蜜多（完全なる智慧）、五つには陀羅尼《だらに》（ダラーニーの梵字。総持・真言の意であるがここでは密教経典の意）門なり。この五種の蔵をもって有情《うじょう》を教化《きょうけ》し、度すべきところに従ってしかもためにこれを説く。もし彼の有情、山林に処し、常に閑寂に居して静慮《じょうりょ》を修せんと楽《ねが》ふには、しかも彼らがために素怛纜蔵を説く。もし彼の有情、威儀を習って正法を護持し、一味和合にして久住することを得しめんと楽ふには、しかも彼らがために毘奈耶蔵を説く。もし彼の有情、正法を説いて性相を分別し循環研覈《けんきゃく》（問答を重ねて研究すること）して甚深を究竟せんと楽ふには、しかも彼がために阿毘達磨蔵を説く。もし彼の有情、大乗真実の智慧を習って、我法執着の分別を離れんと楽《ねが》ふには、しかもかれがために般若波羅蜜多蔵を説く。もし彼の有情、契経・調伏・対法・般若を受持すること能わず、或はまた有情、もろもろの悪業の四重・八重・五無間《げん》罪※・謗方等経《ぼうほうどうきょう》・一闡提《いっせんだい》等の種々の重罪を造れるを銷滅《さめつ》（封じ滅る）することを得しめ、速疾に解脱し、頓悟涅槃すべきには、しかも彼がためにもろもろの陀羅尼蔵を説く。

意味は、如来は五種類の教えをもって人々を教化する。第一は素怛纜蔵、素怛纜とは梵語スートラの音写でお経のこと。もしある人が静寂な山林にあって、常に閑寂な生活をし、禅定に入って修行しようと望むなら、このような人のために経蔵を説く。第二の毘奈耶とはヴィナーヤの音写で、律・調伏のこと。仏教教団における規律。もし、ある人が規律ある生活を習い、正法を護持し、一味和合して永く世に住せしめようと願うならば、このような人のために律蔵を説く。第三の阿毘達磨とはアビダルマの音写。対法論。部派仏教時代の論書。もし、ある人が正法を説いて、本性と様相とを分別し、論理を尽くして研究し、より深い理を追及しようとすることを望むならば、このような人のためには論蔵を説く。第四の般若波羅多、プラジュニャ・パーラミーターの音写。完全なる智慧だが、ここでは初期大乗経典の意味。もしある人が大乗の真実の智慧を習学して、我執（自我ありという執われ）・法執（ものには実体がありとする執われ）の分別を離れようと願うならば、このような人には、般若の法門をはじめとする大乗の三蔵（経・律・論）を説く。

第五の陀羅尼門、ダラーニーの音写。総持・能持と訳すが、ここでは密教経典の意。もし、ある人が前のような契経（経）・調伏（律）・対法（論）・般若（大乗）を受持することができず、或はまた、もろもろの悪業によって、四重（比丘の受持すべき戒で、殺生・偸盗・邪淫・妄語の四戒）、八重（前の四重に、異性関係を制した摩触戒、八事成重戒、同輩重罪を覆蔵する覆蔵他重罪戒、罪を指摘された比丘に行を共にする随順被挙比丘戒の四戒を加えたもの。比丘尼の戒※）、五無間罪（五逆罪のこと。①父を殺し、②母を殺し、③阿羅漢を殺し、④仏身より血を出し、⑤和合僧を破ること。これは無間地獄に堕する因業である）、謗方等経《ぼうほうどうきょう》（大乗つまり方等の教説をそしる）、一闡提（いっせんだい）（仏法を信じない、仏性のないもの）等の種々の重罪を造ったならば、その罪を銷滅せしめ、速やかに解脱を得、頓ちにさとりを開いて、安楽にして寂静なる境界におもむかしめるためには、もろもろの陀羅尼蔵（密教）を説くのである。

仏門に入るには以上の五門がある。前三門は出家のみ入れる狭き門である。第四の門は大乗の門であるから、出家でなくとも在家でも入れる門であるが、実際は王侯貴族・商人・長者等経済的にも恵まれ、読み書きできる選ばれた機根の優れた人でなければ入れない。

この四つの門に入れない人々またはこれらの法門では自利利他円満の成仏は成就できないと絶望している人々、更に四重八重（※）、五逆罪など重罪を犯したもの、仏教を誹謗したり、仏性の全くない人々のために設けられたのが陀羅尼門つまり密教であると。これらの重罪を犯した者はいかに反省しても今生では成仏できないとされた。前四者は、どちらかと言えば出家とか長者等、選ばれた機根の高い人々である。数から言ってもほんの一握りのエリート達である。多くの大衆は四つの門つまり四つの教えでは救われないことになる。ここをもって如来は多くの救いに漏れた衆生を救うために陀羅尼門、密教を開かれたのである。救われる縁のないものこそ救わなければならない。なにも重罪を起こしても密教は構わず救うというのではない。やはり前非を悔い、深く懺悔をするものは成仏できると説く。

密教と言えば、顕教では到達できない深淵な教えで、凡人のうかがい知ることのできない法門のような印象を受けるが、この文章を見ると、菩提心を持す優等生のための法門というより、むしろ煩悩に苦しむ機根の低いごく一般の凡人や深い罪を犯したものをも対象にしている。

この五逆・誹謗正法については、浄土教にも出てくる。阿弥陀如来の四十八の本願では、抑止門《おくしもん》と言い、五逆誹謗正法を犯すものは、阿弥陀の救いから除くと第十八願に明記している。「たとひ我仏を得たらんに十方の衆生、至心に信楽して我が国に生ぜんと欲し、ないし十念せんに、もし生ぜずんば正覚を取らじ、ただ五逆と誹謗正法とを除く」浄土門では、慈悲深い阿弥陀如来さまでも、これらの重い罪を犯した者は除外するとおっしゃっている。しかし、それでは多くのものは救いに漏れることになる。この矛盾を解くため、この抑止門は、われらが心から懺悔滅罪し、悪事に向かわないよう仏が方便として用いる抑止力とみる。ひたすら阿弥陀如来を信ずるための目印であり、逆説的に表現したお言葉であると教えている。

親鸞聖人は、よくよく考えれば、我らは無意識のうちに正法を誹謗しているのではないか。『歎異抄《たんにしょう》』の中で、

弥陀の五劫思惟の願をよくよく案ずれば、ひとへに親鸞一人がためなり。されば、そくばくの業をもちける身にてありけるを、たすけんとおぼしめしたちける本願のかたじけなさよ

と、とても自分の力では成仏できない。このような我らのために阿弥陀如来は本願を起こされ念仏門を与えられたのだと感謝しておられる。引続き

いままた案ずるに、善導の、自身はこれ現に罪悪生死の凡夫、曠劫よりこのかた、つねにしづみ（沈）つねに流転して、出離の縁あることなき身としれといふ金言に、すこしもたがはせおはしまさず。さればかたじけなくも、わが御身にひ

きかけて、われらが身の罪悪の深きほどをも知らず、如来の御恩のたかきことをもしらずしてまよへるを、思い知らせんがためにてさふらひけり

とご自身の信心を述懐されておられる。

陀羅尼門、即ち密教が救いの対象としているは、出家や従来の大乗の教えついていけない多くの罪悪生死の凡夫である。この点については、浄土教や親鸞聖人の信心と共通している。浄土門は弥陀の誓願に救われることが究極の信心である。しかし、方便を究竟とする密教は、ここから自利利他の本領が発揮される。

では陀羅尼門は何をもって救済の願目としているか。陀羅尼は総持と訳すが、真言が無数の真実の理を含むことから、真言の別名にもなっている。如来が真言をもって、我らを済度する。

いかんぞ衆生は仏道を去ること甚だ近くして、自ら覚ること能わざると。故にこの因縁をもって、如来、世に出興して還ってかくのごとくの不思議法界を用いて、種々の道を分作し、種々の乗を開示し、種々の楽欲の心機に従いて、種々

の文句方言をもって、自在に加持して、真言道を説きたもう

（『大日経疏』第七）。

如来の目から見れば、はなはだ近いところで迷っているのだが、それに気づかずに苦しんでいる。我ら衆生が自分の力では目覚めることができないので、見るに見かねて如来は、真実の法の世界からこの世に現れて自在に加持して救いたまうのである。この真言は、如来そのものであり、如来の我らを救う祈りの言葉である。われらは如来に加持された真言を信じ念誦すれば、如来と平等な境地が開けると説く。要するに、自分が加持するのではなく、如来の加持力を信じいただくのである。如来の我々を救おうという祈り、誓願をありがたく信受することにより諸々の悪業や重罪から解き放たれ安楽の境地が開けてくる。如来の三密加持により、わが身口意三業が煩悩具足のまま浄化されるのである。

（如来自証の法体は）法爾常住なり。しかも加持神力をもって世に出興し衆生を利益したもう。今この真言門の秘密の身口意は、すなわちこれ法仏平等の身

口意なり

陀羅尼門の出現は、前四門の教えでは自ら成仏して同時に迷える衆生を救うことはできないと実感している人にとっては、暗黒の胸中にさした一条の光である。大乗の成仏は、個人の悟りで目的が達成されるのではなく、同時に衆生を済度することにある。如来は我らを成仏させるためにこの世に現れ真言道を説かれた。

真言は正に上求菩提・下化衆生を成就された祈りの言葉である。真言念誦は、成仏と衆生済度が同時に成就される実践道である。自力で成仏しようと思うと至難の業であるが、陀羅尼門つまり真言には加持力がある。前四門の教えには加持力がない。衆生を必ず救うという如来の祈り即ち加持力に裏付けれた本願・本誓を信ずることにより自利利他が矛盾なくわが身にいただけるのである。

故に、陀羅尼門こそ小生に残された唯一の道である。この他に助かる道はない。小生にとって、この真言道しか救われる道はないと思っている。なぜなら如来に加持された真言念誦行だからである。自分の力ではとても成仏は程遠い道である。如来の加持したもう真言を信じ念誦するばかりである。

空海は「冒地《ぼうじ》（悟り）の得難きには非ず。この法（密教）に遇《あ》うことの易《やす》からざるなり」と仰っておられる。あの不世出の天才と言われる空海でさえ、陀羅尼門・真言道に遇わなかったら本当の成仏はなかったと言う。四門の教えでは菩薩行が成就できないと、ご自身の限界を悟られることにより陀羅尼門に出遇えたことに稽首礼拝されたのであろう。

※**「四重」**比丘《びく》（出家して二百五十の具足戒を受けたもの）の守るべき、殺生《せっしょう》・偸盗《ちゅうとう》・邪婬・妄語の戒法である。**「八重」**これは比丘尼の守るべき、殺生・偸盗・犯婬・妄語・摩触重境（比丘尼が男子の重境臀より上、膝より上の身分を重境というを摩触するを摩触重境と言う）・八事成重（手を捉り。衣を捉り。屏処に入り。共に立ち。共に語り。共に行き。身相倚《あい》り。共に婬処に行くを期す、を言う）・覆尼重戒（他の尼が殺盗等を犯すを見て、之を覆蔵するを言う）・随挙苾芻《ずいこびっしゅ》（犯罪に依って僧団を擯出せられた比丘に依附するを言う）の八禁戒《はちごんかい》である。

那須政隆『《辯顕密二教論》の解説』

（平成26年9月号）

行信の道

九月の勉強会で、「行と信、どちらが大事なのですか」という質問をうけた。これは、信仰上、大事な問題なので、話した内容を思い出しながら再度述べてみる。先ず、信は機（教えの対象である自分自身）の立場にあるが、行は法の立場にある。どちらも不可欠なもので、信のない行もないし、行のない信もあり得ない。

行は文字通り実践・修行を意味する。信は三宝（仏・法・僧）に帰依することである。詳しく言うと、古来悟りを得るための行として、初期仏教では七科三十七道品と言い、四念処、四正勤、四神足、五根、五力、七覚支、八正道の修行法がある。また大乗仏教になると六波羅蜜行や種々の観法・念誦行、四度加行等多数の修行法がある。信は、信心とか信仰と表現されるが、仏教では信解《しんげ》とか信知とか自覚的な内容がある。信の特徴として、信の十義が詳しく『釈摩訶衍論《まかえん》』に説かれている。仏教でいう信は自覚の意味が強い。「**信は道の元、功徳の母**」（『華厳経』）と言われたり、「**仏法の大**

海には信を能入となし、智を能度となす」（『大智度論』）というように、仏教以外の宗教のように、自分の外に神を立ててそれに向かって熱祷する信仰ではない。

仏教では、衆生と仏は平等の関係にある。信ずる自分と信じられる仏は、二にして不二である。仏なくして衆生はなく、衆生なくして仏もない。自分は仏の一部であるが、仏もまた自分に内在する。外に立てる仏ではなく、己の内面に仏心を見出す。観世音菩薩や阿弥陀様等が霊的存在として実在するなどとはいわない。仏（如来）とは真実の道理というか目に見えない真実を意味し、『涅槃経』には

真実といふは即ちこれ如来なり。如来は即ちこれ真実なり。真実は即ちこれ虚空なり。虚空は即ちこれ真実なり。真実は即ちこれ仏性なり。仏性は即ちこれ真実なりと

とある。

その真実が、我らを救わんがために誓願を起こしてこの世に現れたものが仏・如来である。真実に色や形がないので、方便の姿として仮に仏・菩薩として現れ、迷える

衆生を救う。そして最後の一人を救ったとき、仏としての誓願が成就し消えていく存在である。仏は実在する霊ではなく真実の象徴である。

他の宗教はさて置き、仏教において、行と信についていては、歴史的に二つの道があった。「信行の道」と「行信の道」である。前者は、仏法に対して先ず信を持たねばならない、そしてそれを実践することにより、悟りが成就するという、これが一般に考えられている信と行の関係である。この場合の信は、深い自覚的な意味はない。ある程度、仏の教えを学び、基本的な教えの骨格を理解し、先ず仏の教えは間違いがないと信頼する。それを自身の実践により証明していく道が種々の修行法である。特に釈尊のお弟子さんである出家集団は、この道を進んだ。しかし、この道はなかなか成就しがたい難行道である。個人的な悟りを求めることで終始し、とても一切衆生を救うという大乗の誓願までは心が及ばなかった。この道は難行であるが、それだけ修行が尊い。

もう一つの道は、行信の道である。この場合の行は行者個人の修行ではなく、仏の行である。仏の行とは、迷える一切衆生を救う根源的な祈りのことである。「衆生無辺誓願度」である。個人の行ではなく、あらゆる迷えるものを救わずば止まない公の行である。我らの小行に対し大行である。この行には具体的に我らを救う加持力がある。個人の行には加持力が無い。この大行には我らをして真実の道理（法）を信じさせる力を持っている。加持されているから自然に信ずることができる。自分が力んで意識して信ずることではない。如来の大行を静かに感謝して頂くことが、行信の道の信である。この道は、難信だが信が尊い。

空海が生まれた奈良時代の仏教界も信行の道が本流だった。しかも、一切衆生を救う大乗の教えである。奈良時代はあらゆる法門が大陸から伝来し、それをひたすら吸収した時代であった。しかし、学んだことをいざ実践するとなると、当時の僧侶方は、とても今生では成就できないと実感し、「三劫成仏《さんごうじょうぶつ》」と今生に於ける成仏を諦めた。確かに、次から次に湧いては消えていく煩悩を相手に修行することは、至難の業であると、半ば諦めつつも、求めて行かれた。空海は上求菩提《じょうぐぼだい》、下化衆生《げけしゅじょう》の大乗の菩薩の誓願を満たす教えを真剣に探し求められた。その熱意に仏は夢告で応じられた。空海は『大毘盧遮那《びるしゃな》成仏神変《じんべん》加持経』即ち『大日経』を久米寺にて感得なされた。先ず経題の「成仏神変加持」という言葉が目に飛び込んできたと思う。成仏された仏が、加持の力によって、衆生を自由自在に済度しているという事実に、空海は直面された。

仏の加持力とは我らを救う仏の行である。行と信は離れない、我は行そのままを有難くいただく、信受する。そうすると仏の行が、知らず知らずのうちに自分自身に及ぶ。自分はあくまでも煩悩具足のままであるが、煩悩があっても差し支えない。煩悩が邪魔にならない。仏の加持力により自身の身口意三業が包まれる。いわゆる三密加持により三業が浄化される。空海は「加持とは如来の大悲と衆生の信心を表す」と『即身成仏義』に明記されておられる。大悲とは迷える衆生を救う如来の大行である。また行が仏行であることが『大日経疏（具縁品）』では次のように述べられている。

如来いかなる法をもって加持したもうや。仏は次に言く、秘密主、如来は無量百千倶胝那由多劫《くていなゆたごう》に、真実諦語と四聖諦《ししょうたい》と四念処と四神足《しじんそく》と十如来力と六波羅蜜と七菩提宝と四梵住と十八仏不共法《ふぐう》とを積集《しゃくじゅう》し修行したまえり。秘密主、要をもってこれをいわば、諸の如来の一切智智と一切如来の自福智力と自願智力と一切法界加持力とをもって、衆生に随順して、その種類のごとく真言教法を開示したもうこの意味は、如来が衆生に代わってあらゆる行を修された。その如来が修行によって得られた智慧、誓願、福徳、加持力を以てわれらを救う道を開示されたのである。行信の道とは、如来の成就された我らを救う行をそのまま信受することである。行は如来の大行、我らの個人的な行ではない。

織田隆弘先生は、特にこの信心こそが密教の要であることの経証として、『親鸞と密教の核心』の劈頭に、『大日経疏（入真言門住心品第一）』から次の言葉を引用されている。

仏法の大海は信心を能入とす。梵天王の転法輪を請いし時、仏は偈を説いて言うが如し。我今甘露味門を開かん。若し信を生ずる者あらば、歓喜を得んと。此の偈中には、施・戒・多聞・忍・進・禅・慧の人、能く歓喜を得るとは言わず。独り信ずる人のみと説けり。仏意はかくの如し。我が第一甚深の法は、微妙にして、無量無数不可思議なり、（仏甘露味の法門は）不動・不倚・不着にして、無所得の法なり。一切智人に非ずんば、則ち解すること能はじ。故に信力を以て初めとす。慧等に由って而も初めて仏法に入るには非ず。

内容は、大乗の六波羅蜜行を修行しても悟りの世界に入ることはできない。唯一信ずる人のみ入ることができると。自分の行の力を頼む人は、反って如来の慈悲心をいただくことが出来ないと。

以上、如来の大行と言ってきたが、大行とは何であるか、大行とは真言念誦行そのものである。真言そのものが我らを救わずばやまない如来の誓願を表わした言葉である。オンアビラウンケンのオンは信を表し、アビラウンケンは如来の誓願・慈悲心を表す。オンが付くことによりアビラウンケンが生きて働く。三密加持が働く。真言念誦そのものが行信の道を表している。

今年、三月に僧侶方を対象にした岡山の講習会で講師に呼ばれ、加持について話したが、なにか特別な秘法があると思っている人が多かったようだ。如来の大行を素直に信ずる以外秘法なぞないのであるが、長年の「神秘化された密教」に惑わされている気がする。私は、正純密教ほど明々白々な教えはないと思っているが。不純になると教えも神秘化され、ぼやける。

（平成25年10月号）

念《ねん》彼《ぴ》観《かん》音《のん》力《りき》は真言をとなえること

教えを実践することが究極の幸せにつながっていくのだとお釈迦様はおっしゃるのですが、出家中心の仏教は、たくさんの戒律もあり、言うは易く実践はなかなか難しいと思います。

そこで、在家も参加できる仏教として、大乗仏教がおこり、たとえば阿弥陀信仰が生まれ、そして密教というものが出てきました。密教は出家も在家も平等に実践できる教えです。こうして仏教を学ぶ人の裾野が広がっていきました。

お釈迦様は、三十五歳で悟りを開かれましたが、そこで終わってしまうことなく、それ以後も、どうやって迷い苦しむ衆生を救うかに取り組まれていったのです。お釈迦様は、梵天という神からも法を説くように懇願され、個人的な悟りを公《おおやけ》のものにしたいと思いました。鹿野苑《ろくやおん》で初めて自分以外の人に説法した。それを聞いた修行者が同じように悟りを開いたことをことのほか喜ばれました。それが仏教の始まりです。

お釈迦様存命の頃は、仏であるお釈迦様が、みんなのよりどころでした。亡くなられた後は、法灯明という言葉があるように、お釈迦様が説かれた「教え（法）」そのものを仏とし、それが法身仏となっていきました。法身仏《ほっしんぶつ》は文字であらわせない姿も形もない象徴的観念的なものであるように思われていましたが、密教では、生きて働く仏としてとらえられています。「六大無碍《むげ》にして常に瑜伽《ゆが》なり」という言葉は、法身仏が何ものにもさまたげられることなく生き生きと働く姿を表現しているのです。

決まった形のない粘土が芸術家の指によってあらゆる姿になるように、われわれを救うために観音様は、さまざまな姿に変化《へんげ》します。森羅万象が如来の表現なのです。私たちも大日如来の一部であると自覚することが密教の成仏です。観音様も、法の世界のたんなるシンボルではありません。観音様の心をいただけば観音様の働きが身に満ちてくるのです。

私たちは、迷っていても悟っていても、諸行無常・生老病死という真理そのものの中に生きています。もともと真理の中にあるのですから、真理を理解する知恵、能力、仏性が私たちには備わっているのです。

『観音経』には「念彼観音力」という言葉が何度も出てきます。密教でいえばもっと具体的に、観音様の真言をとなえるということです。真言が観音様と同体。真言は、智慧であり慈悲であり加持力です。真言そのものが観音様なのです。真言をとなえると自分が変わっていきます。いつも観音様と一体だという実感がわいてきます。それが入我我人ということであり、帰依するという意味なのです。

（平成十九年一月一八日　観音会法話）

第三章

大日如来

大日如来とは

今日は大日如来についてお話しします。大日如来と言えば密教の御本尊様です。よく毘盧遮那仏《びるしゃなぶつ》というと奈良の大仏、これもまた毘盧遮那仏という。大日というのは意味を訳した言葉です。摩訶《まか》毘盧遮那を訳すと大日という。摩訶というのは大きいとか最勝とか多（無数）、無限、無辺際という意味です。摩訶般若波羅蜜多とかね、摩訶というのはインドの言葉で大、大きいということです。今でもマハラジャとかね、大王のことです。マハとつく。それから摩訶衍《まかえん》とかね、大乗仏教のことを摩訶衍とか、そういうふうによく使う言葉です。それから毘盧遮那というのは光り輝くというか、闇を晴らす光を象徴する。だから意味をもって訳せば大日といって大きな日輪。日輪だとね、太陽は朝昇り夕に没するが、大日は二十四時間照らし、陰もない。また間違いやすいのは日天という天部の神がある。日天・月天《がってん》とあるんですね。十二天と言って、天部の神様で日の神様、月の神様という場合もあるんでね、これと大日如来は全然次元が違いますから、大の字を付けて大日如来と言う。ただこの大日だけじゃなくていろんな訳があるんですね、本当は。遍照如来とか、広博身如来《こうばくしんにょらい》とか、或いは五智如来で表す場合もある。まあ昔から、だいたい大日如来と、きまりで訳されていますね。時々経本によっては五つの別な表現で唱えられる場合もあるが、密教の根本仏です。密教の立場から言えば、どの仏様も菩薩様も天部の神様もこれ全部大日如来の表われです。大日如来のいろんなすがたですね。仏教では霊的な存在として仏様がどこかにまします、極楽浄土にいらっしゃるとか、瑠璃光浄土におられるとか、そういうことを説いているわけじゃない。それらは象徴です。われらが救いを求める要望に応じて顕われた姿が仏・菩薩です。要するに形で現せない。形を超えたものである。むしろ遍在している。至らざるところはないという。遍く遍満している。小さな世界で言ったら芥子粒の中にもあるし、大きく言ったら宇宙の果てまでも全部大日如来そのものである。大小は関係ない。要するに色も形もないというのは、それで全部表現し尽くせるものじゃないという意味なんです。

法身仏と応身仏

お釈迦様の頃は、仏陀と言えばお釈迦様に決まっていました。で、お釈迦様ご存命の頃はそれでみんな納得したんですけど、お釈迦様が涅槃に入られますと、残されたお弟子さん方はやっぱり寂しいというか、現実に自分が接したお釈迦様が亡くなって荼毘《だび》に付されて灰になるわけですから、そこでやはりお釈迦様の最後の説法で、私個人という人物を崇拝するのではなく、私が説いてきた法を拠り所にしなさいと、私が説法してきた真実の教えというものを仏様として本尊さんにしなさいと、同時にそれを信じる貴方自身を信じなさいと考えられました。お釈迦様がご存命の頃は、お釈迦様とそれから実際説いておられる法の内容が一致したわけですね。それがお釈迦様が涅槃に入られたことによって、具体的に説く人がなくなったものだから、お弟子さん方は非常に嘆かれまして、再度お釈迦様の教えを思い出して、やはり法というものを拠り所にしなければいけない、法そのものがお釈迦様をしてお釈迦様たらしめる悟りの根源であるわけですから、法なくしてお釈迦様もありえない。そういう意味で法そのものを仏様として表現していった。

それがのちの大乗仏教の仏です。いろいろ細かく分ければ応身《おうじん》仏とか報身《ほうじん》仏、或いは法身《ほっしん》とか分けますけど、ごく簡単に言えば真実の法だけでは我々は救われない。それを体得した人があって、初めて法というものが具体的に、生きているわれわれに説かれるわけですから、法身仏だからといって、人間を離れて抽象的な理論みたいなものとして存在するわけじゃない。やはり具体的には法というものを本当にわれわれが信じて、初めてそれが成就する。自分にとっても具体的な仏様という実感が持てる。それがない限りは、ただ本に書いてある、或いは抽象的な概念としてあるだけで、正式な意味での法身とは言えない。やはり法というものを本当にわれわれ一人一人がなるほどそうだと納得したとき初めて仏様の教えが生きてくるわけです。あんまり法身法身というとね、その言葉だけ一人歩きしてしまって、現実から離れていきます。やはり具体的には、法身と言っても、その法身を信ずるわれわれがしっかりしないと成り立たない。大日如来と言ったら本当に、自分が信ずるというか、大日如来は六大（地大・水大・火大・風大・空大・識大）無礙なる如来だと、なるほどそうだなと、六大に於いて自分と大日如来は等しいんだ、如来も六大（地大・水大・火大・風大・空大・

識大）によって成り立っている。我も六大によって成り立っている、という信心がなければ、仏様の働きがわからない。

信心のない仏様なんてもう絵に描いた餅みたいなもんで、われわれにとってもなんのインパクトもないし、あってもなくても良い存在です。やはり仏様というのは、われらが信じて初めて仏様になる。われわれもまた仏様を信ずることによって、いわゆる煩悩だらけの自分であるけど、それを突き抜けてやはり真実の世界に直結してるという自覚が生まれてくる。両方ですね。法によってわれわれも生かされるし、法を信ずることによって法そのものがまたいきいきとしてわれわれに具体的に働らいてくる。

仏様をね、いろんな表現をしますけど、三身《さんじん》というふうに分ける場合がある。で、最初にくるのが法身《ほっしん》仏、それから報身《ほうじん》仏、それから応身《おうじん》仏。応身仏というのは代表者はお釈迦様です。具体的にこの体に応ずるという、身に応ずるですから、人間の姿をとったということ。お釈迦様が最初ですね。お釈迦様を筆頭として歴史に残る偉い坊さん方はみんなそう言われても良いでしょう。でもまあ一応建前としては応身仏といったらお釈迦様のことです。

報身仏、これは代表者は阿弥陀様ですね。阿弥陀様は因位の法蔵菩薩の時に、四十八の願を立てられた。四十八願《しじゅうはちがん》が阿弥陀仏になった。これを報身仏。願を持っていたのは阿弥陀様だけじゃないんですけどね。薬師如来は十二願、普賢菩薩《ふげんぼさつ》は十願を建てる。願というのは、願いですね。誓いと言っても良い。両方書いて誓願という。密教では本誓《ほんぜい》、根本の誓いという。それから浄土教では本願という。根本の願。みんなおなじことです。だからこの本願に応じて報いて現れる。要するに法蔵菩薩が四十八願を立てられて、それを実践していくというか、自分が立てた誓願、誓いというものを実践していく。それが成就して阿弥陀如来になる。で、阿弥陀如来の最初のお姿は法蔵菩薩です。法蔵菩薩が修行して阿弥陀如来になられた。これはみんなわれわれを救う為ですね。誓願に報いる。それで仏様になった。これが報身仏。

それから法身仏というのは、応身仏や報身仏が出てくる根本の真実の道理である「法」から生れた仏のことを法身仏という。悟りの世界を人間に譬えて、まあ人間の体をもった法全体が身体みたいなものとして、法身という。だからこれの代表はもう大日如来です。大日如来が法身仏の代表になる。

大日如来から諸仏諸天が生れる

法身からいろんなわれわれの願いに応じて、因縁に応じて、たくさんの仏様が生まれてくる。生まれてくるんです。われわれの悲痛な救いを求める叫びに応じて、たくさんの仏・菩薩が、この大日如来という法身から、最初は具体的な形はないんですけど、われわれの悩みの声を聞き付けて、これはこうしてはいられないと、この世に出現された。

仏様は何故たくさんあるかというのは――、われわれが顔が違うようにね、性格、趣味が違う。これを人間の機根《きこん》というんです、機根。法に対して、機というのはわれわれのことですね。機根。略して機、それから法身を省略して法。法と機と言う。仏法とそれを信ずる衆生。機というのは具体的なんです。おなじ人間は一人もいない。法というのは逆に普遍的なんです。もうみんなに遍く照らす。この人だけ特別に救うとかそういうことはしない。救われる機はもう千差万別。人間が七十億いれば七十億通りの形がある。だからそれに応じて法がまた教えを展開していく。あるときは阿弥陀様のお姿で現れるし、薬師如来の姿をとる場合もある。それからお不動様の姿をとる場合もある。地蔵菩薩、普賢菩薩、われわれがよく聞いてる諸菩薩、或いは神様、天部といって神様、毘沙門さん、弁才天、聖天さん、そういうふうに、密教では天といいますけど、神様のことを天というんです。普通の宗教では神様という。密教でいう天部というのは、仏法に帰依し、仏法を護る神々という意味です。

仏教では十界互具《じっかいごぐ》といって、人間の精神状態を十に分ける。普通、六道輪廻というように、地獄、餓鬼、畜生、修羅、人、天の六つの世界があると説きます。一番下が地獄ですね。地獄。それから次が餓鬼、餓鬼道、それから畜生道、それから四番目には修羅。修羅というのは阿修羅とも言いますけど戦争ばっかりするんですね。争いごとばっかりして、人を殺したりする。その上に人が来て、次には天部。そして、七番目からは声聞、縁覚、こう仏様の世界に入ってくるわけですね。九番目が菩薩。十番目に仏様の世界。これを称して十界という。人間は、十の存在を心の中に持っている。人間の精神状態をこういうように十におさめている。まあいろんな表現がありますけど、お大師様は『十住心論』という著作を著しておられますが、それはまた別な角度から十の段階に人間の精神状態分けている。

羅漢さんとは

で、六道、ここまではみんな迷っている世界なんですね。これ六道輪廻と言う。輪廻転生する世界なんです。人間より上の世界を天部という。これは神様の世界です。或いは仙人の世界。この天より上に羅漢さんが位置し、輪廻転生しない四つの聖者の位になる。声聞《しょうもん》、縁覚がある。声聞というのは、仏の教えを聞いて悟る。縁覚というのはこの仏様の仏縁に触れて悟る。まあ自分で悟るので独覚ともいう。この声聞縁覚はどちらかというと羅漢さんの位です。羅漢さんというのは十六羅漢とか五百羅漢とかいろんな名前があるようにね、お釈迦様のお弟子さんは大体羅漢さんです。羅漢さんと菩薩様はどこが違うかと言えば、羅漢さんは個人的な悟りを願っている。それで終わってしまう。ああ、俺はこれで悟ったと、全てのものは解決した、もう思い残すことはないと、それで涅槃に入ってしまう。菩薩様は違うんですね。自分一人の悟りじゃ満足できない。それじゃ本当の救いにならない。目の前にいっぱい迷っている人がいる、なんとかこれ救わなきゃいけない。で、最後の迷っている人がいなくなったら、私は成仏しても良いと。まあ、そういう誓願を持った方を菩薩様という。だからおなじ仏教でも、小乗仏教といって、出家してこの世の中から離れてそれでご自身が修行して悟りを開く、そういう行き方を小乗仏教という。今は、小乗は貶称になるので上座仏教と云います。

今で言えばタイとかスリランカ、ビルマ、カンボジア等、東南アジアの仏教というのは、出家しなければ悟りを得られないと、最終的にはみんな坊さんにならなければならない。今でもタイでは男の子に生まれれば生涯一度は必ず坊さんになる。まあ、熱心な仏教徒はね、数週間でも良いから坊さんになりたいというんです。とにかく得度して頭を丸めて、数週間じゃちょっと短いですから、普通数ヶ月やるみたいですね。それである程度仏様の弟子になり坊さんになったら、一応目的を果したことになる。まあこれはしょうがないことですが、大多数はまた在家に帰って仕事していく。とにかく一生に一回で良いから出家得度して、正式に坊さんの世界に入りたいという、これは徹底していますよね。それからタイなんか行くと、朝托鉢の坊さんが来れば、食べ物から金銭的なものからね、信者が布施をする。布施した人が功徳を積むことになる。そういうふうにもう徹底しています。これはこれでね、全国民がそういうふうに坊さんを尊んで、または自分もできれば生涯に一回は坊さんになりたいという、もう仏教が国教みたいになっていますから。なにも出家優先の仏教だからといって特別な目で見ることはない。やっぱり素晴らしいですね。日本の今の大乗仏教なんて威張れたもんじゃない。むしろタイとかスリランカの戒律堅固な信仰心に学ぶべき所が多いです。

神にも煩悩がある

それはさておいて、この天というのは人間よりは上の位なんです。だけどやっぱり煩悩があるんです。神様も煩悩がある。やっぱり怒ったり妬んだり、よく怒って神罰を下すとかね、人に報復する。これまだ煩悩がある証拠です。わしを一所懸命信じてくれたときはいろいろ御利益をかなえてやったのに、最近はどうも信仰が熱心じゃないと、わしを粗末にしていると、そうすると怒るんですね。お稲荷さんや聖天さんはテキメンだ。昔から粗末にすると罰が当ると言われているし、現実にそういう話はいっぱい聞く。それから言っちゃ悪いけど、キリスト教の神様も自ら言っているわけですからね。我は妬む神であると、我以外のものを信仰しちゃいけないと、そんなことしたら許さないと。これはやっぱり心が狭いというか、神様もやはりそういう嫉妬心というか、復讐したりね、罰を与えたりする。典型的なのは最後の審判です。聖書を見ても復讐みたいなものが多いですね。神様が、わしの言うことを聞かないから、いろんな罰が当たるんだと。ノアの方舟もそうだが、約束を守ったからそういう目にあわずにすんだんだと。だから神様というのは非常に怖いんです、向こうでは。日本人にはちょっと想像がつかない。日本はね、母なる神なんです。欧米の父なる神というのは日本の風土にあわない。日本ではどちらかと言えば、母性愛的な神の一面を強調した方が日本人は受け取りやすい。ところがそれはほんの一部ですね。欧米の神様の感覚から言えば、むしろ父なる神の方が圧倒的に強い。だから怖い存在なんです。神様というのは非常に怖い。逆らったら地獄から永遠に出られないとかね。本当に怖い。

日本は八百万《やおよろず》の神様で、たくさんの神様がいるから、ちょっと想像がつかない。だから神という翻訳もまあ当たってないですね、キリスト教の学者から見るとね。ゴッドとかそういうふうに言わなければ駄目だ。神と訳してしまうと日本は天照大神を初めたくさんの神様がいるから、その同類に見られるから、唯一絶対の雰囲気が損なわれるから、もう神なんて言葉は使っちゃいけないという。面白いのはね、ザビエルさんが最初に来た頃ね、通訳がゴッドを大日如来と訳したんです。そしたら当時の日本人は納得したというんです。ゴッドってどういうものであるか、いや、大日如来みたいなものであると。大日如来というのはあらゆる仏様の根本仏であるから。そしたら当時の人は納得したという。で、あとでそれが密教の仏様だと、仏様を神様に変えられるとこれはまずいと、まずいからというので、途中から使わなくなりましたけどね。まあ使っていたら、かなり面白い発展をしたかも分からない。

　この天部というのはそういう意味でまだまだ煩悩がある。人間よりましな存在でありますけどね。人間の寿命なんかに比べれば何千年も生きるけど、永遠ということはない。だんだんおかしくなって最後には滅びていく。天人《てんにん》五衰《ごすい》という言葉で表現されています。命の長い天人でもその寿命が終わろうとするとき、体に五つの徴候が出てくるという。肌がカサカサになったり、衣服が汚れてきたり、花の冠がしおれたり、天の世界が楽しくなくなってきたりするという。天人五衰という。で、ここまでは六道の世界。六道輪廻という。よくこれに因んでお地蔵様も六体まつっている。六地蔵というのはそういわれがある。六道のそれぞれの存在を救う為にお地蔵さんが表われた。六地蔵という。

大日如来と地獄

ところが大日如来の考え方でいくとね、極端に言えばこれ全部大日如来の名前だという。あるときは地獄、餓鬼、畜生の姿をとる。なかなかこれは凄まじい。仏様というと慈悲と智慧の権化みたいに考えていますけどね。時と場合によっては鬼神になる場合もある。鬼神になってわれわれをいじめているわけじゃないですよ。要するにそういう世界を信じている者には、そういう相手の形にあわせてそうして導いていく。例えばね、弘法大師の『弁顕密二教論』を見てみましょう。文殊菩薩がね、仏様はどういうお名前をもってこの世界で説法しているのかと質問する。そしたら仏様が答えてね、あるときは帝釈天と名づけ、梵天と名づけ、大自在と名づけ、自然と名づけ、地、寂静、涅槃、天、阿蘇羅、空、勝、義、不実、三摩地、水天、龍、薬叉、仙、水、火、鬼主等無数に表現される。こういうふうに見るとね、もうあらゆる名前が、大日如来がわれわれを救う為、方便の姿となって現れてくる。

だから地獄の中にも大日如来の性があるということですね。どこの世界にも大日如来の世界がみんな及んでいる。地獄にいる者が、ああ、俺の心は地獄だったと、本当に懺悔して目が覚めれば、その地獄が大日如来の密厳浄土に即変わってくる。どんな状況におかれていても即大日如来に直結している。人間の心というのはね、どんな人だって、どんな悪人だって自分の子供は可愛い。普通の親同様に愛情を持っているでしょう。しょっちゅう悪いことをしているわけじゃない。いわゆる縁によって悪いことをしてる。時々正気に返る場合もある。われわれだって、あの野郎殺してやりたいと、カーッとなるときもあるでしょう。それでもただグッとおし止めて実行に移さないだけの話で、それは紙一重で、なり行き次第ではどういう行動を取るか分からないケースがいっぱいある。人間の心というのはそのときどきの煩悩の影響で、なにをしでかすか分からない危ない要素をみんな持ってます。あるときはまた菩薩様みたいな殊勝な心、自分のことを犠牲にして助けてやろうという、そういう気持ちもみんな持っているんです。われわれが人を救う為自己を犠牲にした話なんか聞くと涙を流して感動するのはね、自分はできないけど、そういう話を聞いて自分が普段思っていることを実際にやった人がいるとなれば、これは心も動かされる。ということは、自分も潜在的にはそういう気持ちを持っているわけです。だからどういう人でもこの十界というものはみんな兼ね備えている。

で、これは段階的に考えていけばね、地獄から始まってだんだん一歩ずつ階段上るように自分を切瑳琢磨して、最後は仏様の世界に入るんだと、そういういきかたもありますけど、それだけじゃない。これは縦に進む道です。だんだん下から上に進むようにね、一歩ずつ上がっていく道。これはどちらかと言えば顕教《けんぎょう》の行き方です。密教以外の仏教を顕教と言う。密教というのは横の道ですね、横ざまに越えて行く。いちいち一歩ずつ上に上らなくてもちょっと横に超えて行けば、もう全部仏様の世界じゃないかと、今ちょっと言いましたように、地獄なら地獄ということを本当に自覚すれば、自覚させるものが大日如来。地獄の中に仏様が光り輝いている。もちろん機根の高い声聞、縁覚の位、ここまで来ればもう成仏と紙一重ですからね、自分のいる所を素直に自覚するならどこに居ても大日如来に直結しているのです。

マンダラは大日如来の内証

だから大日如来というのは、別に固定したものじゃないんです。たくさんある仏様の中の一番偉大な仏様であるとか、そういう意味じゃない。あらゆる仏様が大日如来の側面をね、いろんな功徳を一つ一つ形で現している。あるいは仏様という名前で表すと、そういう名前が付く。大日如来は普門の仏、各仏・菩薩は一門の仏とも言います。

両界曼荼羅１　胎蔵界曼荼羅

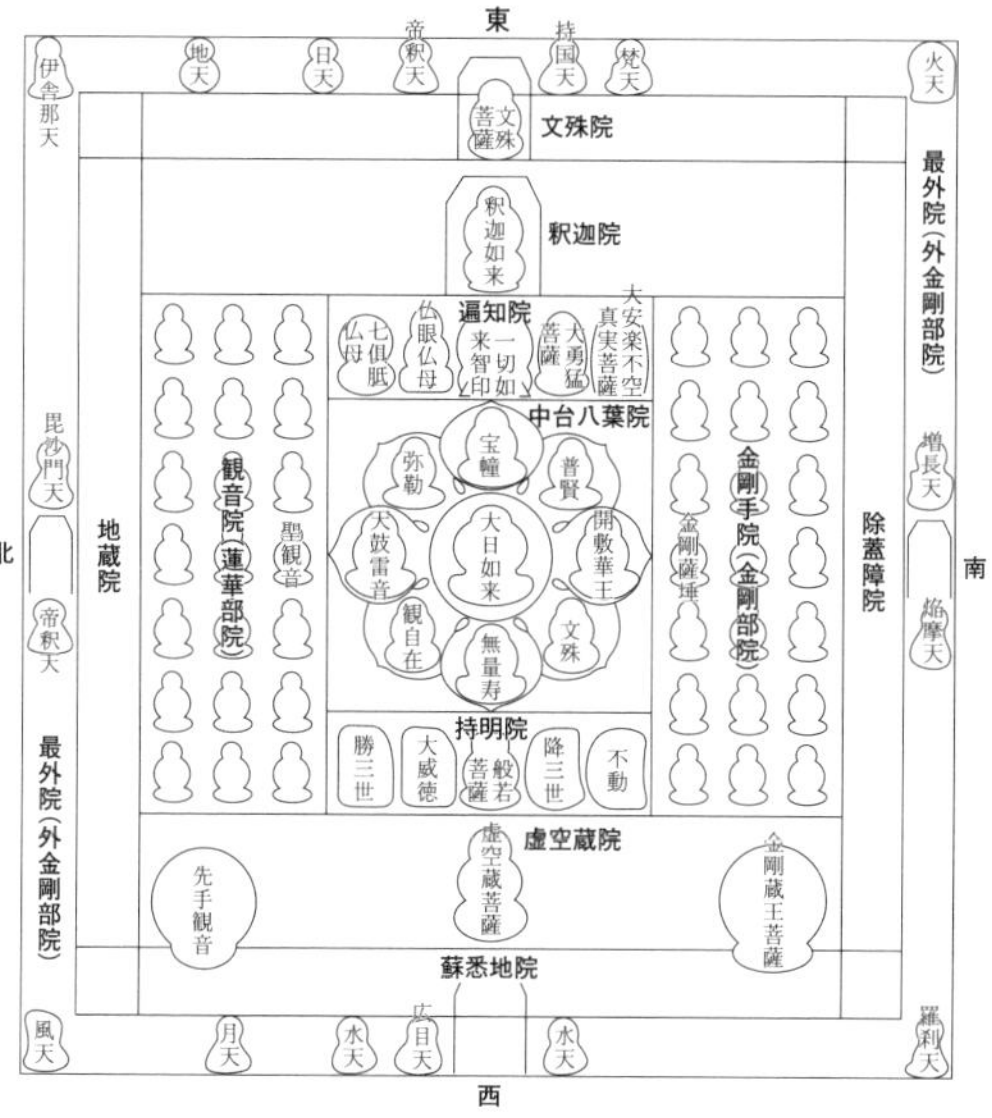

「岩波仏教辞典」より

胎蔵界曼荼羅《まんだら》を見ると非常に分かりやすいんですけどね。今度曼荼羅をよく見ておいてください。曼荼羅がこうありますとね、ここに中央に大日如来、ずうっとこれは広がっていく。で、まず東西南北に配していく。宝幢《ほうどう》、開敷華王《かいふけおう》、無量寿、天鼓雷音《てんくらいおん》。この間にまた四菩薩がいる。その他の菩薩様もまたこっちは観音様のグループ観音院とかね、お釈迦様のグループ釈迦院とか、そのグループごとにまた表現していく。で、一番外側にね、外金剛部《げこんごうぶ》といってここに天部の神様がいっぱいいる。ここに神様はみんな位置づけられている。これ全部、大日如来の化身。化身と言ったらおかしいかな。大日如来そのものはもう広大無辺ですから、無限の世界ですから、無限の世界を形で表そうといったって、これはキリがないくらい無限に広がる。だけどまあ一応表現できる範囲で表現していくと、絵に描いた場合は曼荼羅になっていく。また彫刻で表すと各仏像になってく。だけど密教から見れば諸仏、諸菩薩、諸天はみんな大日如来の無限の徳の一つを表している。大日如来の無数の願い、誓願を、それを一仏で表している。

十三仏信仰

十三仏という信仰が室町時代頃から出てくるんですね。十三仏というのは十三の仏様をそれぞれ十二支に配して、例えば大日如来だと未《ひつじ》と申《さる》年生まれが守り本尊だというう。仏教に縁のない人を導く為に、お前なに年生れだと、何々だと言うと、ただネズミならネズミと、じゃあ千手観音様とかね、そういう考えは迷信なんですけどね、そうすると仏様に親しみやすいんで、昔の知恵のある坊さんはこの十三仏と干支を組み合わせて、そして広めていったんでしょう。それは良いんですけどね、そうなると大日如来も十三仏の中の一つにすぎない存在になってしまう。そんなことを言っているわけじゃない、密教ではね。むしろ他の十二仏が全部大日如来の変化身というか、変化した仏様にすぎないわけですから、あんまり十三仏守り本尊みたいな感覚でいくと、これは本来の仏教の教えに反したことになる。ただ、一つの方便として仏法に縁を結ぶ為に、昔の先徳方はそれを考えたんでしょう。だけどそれに止まっていちゃいけないし、またそんなスケールの小さなものじゃない、大日如来というのは。

　だからそういう意味で密教ではね、どんどん別な角度から表現していくんです。いわゆる曼荼羅の仏様みたいなお姿ばっかりイメージすると、本来持っている大日如来の悟りの世界というのは失われていきますので、あるときは六大で表現する。六大。地大、水大、火大、風大、空大、識大。まあ何回も言いますけど「**六大無礙《むげ》にして常に瑜伽《ゆが》なり**」という。六大無礙にして常に瑜伽なり、これ全体がもう大日如来ですから。動いてやまない。六大無礙にして常に瑜伽なり。六大というとね、あんまり霊魂的なイメージは浮かないでしょう。六大無礙だから。人間の姿は出てきませんからね。

地水火風空識で表していくから。むしろ大きな働きとして表す。

地大

地大というのは大地を象徴して、大地というのは、あらゆるものの拠り所ですよ。大地があるからこうしてわれわれは生きていくわけ。大地には植物も鉱物もあらゆるもの、地下資源も眠っている。われわれの食べ物もみんな大地から出てくる。第一大地がなければわれわれ歩けない。拠り所がないわけですからね。一番の根本になる。人間で言えば、骨や筋肉でしょう。これが地大の徳。

水大

で、水大というのは水の徳という。水というのは争わないんですね。そのものに即して、で、同化していく。どんな大きな岩でもその周りを川の水が流れていくと、だんだんまるくなっていく。一気に岩を動かすようなことはしないけど岩の形のまんま、また水が流れていく。それで水というのはあらゆるものを溶かすんですね。この世の物質で一番溶かす力を持っているのは水だそうです。どんなものでもみんな溶かしていく。理論上はガラス瓶だって溶かすみたいですよ。そのくらい水というのはあらゆるものと逆らわないで同化していく、そういう作用を持っている。それから自然なんですね、水というのは。まるい器に入れればまるく見えるし、四角い器に入れれば四角にも合わせていく。それから固体にもなる、氷にもなるし、液体にもなるし、水蒸気にもなる。もう自由自在というか、水というのは。だからこの水というのは、昔中国の老荘思想でも「上善水の如し」という有名な言葉がある、上善というのは上下の「上」に善悪の「善」と書いて、「上善水の如し」と、今言った水の徳を称えるわけですね。あんまり出しゃばらなくても、いちいち恩着せがましくしなくとも、みんな育み育てるんだけど、水というのは黙々とそういう働きをしている。善の中でも上善中善下善とある。下善というのは、さも良いことをしているように、これ見よがしに行動する。それはどちらかと言えば下の善であると。中善というのはそれよりもう少し上だ。本当の上善になると目立たない。ほとんど良いことしているように思われない、一般の人には。だけどむしろ上善の方が黙々と人の厭がることを行なっている。だからまあ老荘の教えもそういうものであると、そういう意味で「上善水の如し」という。今お酒の名前にもなっていますけどね。これぐらい水の功徳というのは昔から称えられている。で、人間の体もやっぱり水分がなければ、七割、八割近く水分だって言うんでしょう。水と言えば血液もあるし、体液みたいなものも多くは——、みんなそうですね、皮膚だってやっぱり水分がなければならない。まあそういうわけでこの世に水がなければ動植物も育たない。それは水の徳、水大。

火大

それから火。火大はエネルギーですね。われわれを動かす熱です。どんなものでも必ずエネルギーがある。で、火というのはね昔から神聖なものとされて、火の徳というのはまず闇を照らすということ。新月のときなんか、お月様が出てないときはやっぱり火を持つと明るくなる。闇を照らすという。そういう意味で、われわれの煩悩を照らすという意味にも譬えられる。それから火のもう一つの徳はね、焼き尽くすんです。汚いものをどんどん焼き尽くして、焼き尽くされたあとは清浄な灰になる。だからどんな汚いものでも、火に焼かれればみんな清浄な灰に変わるというので、火の徳として、インドではよく経文で譬えられていますね。火で焼かれると、どんなけがらわしいものでもみんな清浄な灰になっていく。だからその火を御神体とする宗教もある。それはゾロアスター教（拝火教）です。これはペルシャの方でできた宗教らしいですけど、またマニ教はキリスト教や仏教の要素を融合して成立した。それもインドに入ってきて、一部は中国まで来た。今でも残っているみたいです。密教ではその拝火教の儀式を仏教的に解釈して護摩法に取り入れている。これは火の働き、火大。

風大

地水火風、風大というのは風、風と書いて動きを象徴する。雲がどんどん飛んでいくと、風があるということが分かりますね。雲が全然ないと風が吹いているのかどうか、上空で吹いている場合は分からない。逆に雲なんかあれば、ああ、風が吹いてるなあということが一目瞭然というか。そういう意味で昔の人は風を雲との関係で表現した。人間の体の中も、この森羅万象、宇宙そのものが、停滞しているものは一つもない、停止してるものはなにもない。みんな動いてやまない。こんな机とかガラス、全然動いてないようですけど、これは顕微鏡を覗けば、もうミクロの世界では細かいものが動き回っている。われわれの目ではなにも動いてないようですけど、じっとしているものは一つもない。みんな動いてやまない。インドの場合はサイクロンのような大風が吹くとどんな大木でも倒れるというか、大木が倒れることによって見晴らしがよくなるというか、今までよりスッとして、入れなかったようなジャングルが風が全部倒してくれるんで開墾する手間が省けるというか、まあそれを風の偉大な力であると、そういうふうに譬えられている。

空大

それから、空《くう》ですね。空というのは空間ですよ。空間と言うよりは、むしろ虚空の空ですね。虚空というのは宇宙にいろんな星があっても、虚空ですからね、それで満杯になることもない。無限の世界というか、果てしない世界を虚空という。それから虚空の徳としては、分別がない、わだかまりがない、遮るものがない、邪魔するものがない。それが虚空の功徳。色即是空、空即是色の空ですね。単なる空とか空間というそういう意味だけじゃなくて、もっと信仰上の意味においては分別しない世界、人間のいろんな、ああでもないこうでもないと考えない、妄念妄想が湧いてこない、そういうのを虚空の世界という。空の働らきが妄念を晴らしてしまう。またどんな妄念妄想が湧いても、虚空の世界はそれで満杯になるということがない。それにも増して飲み込んでいく。そういうスケールの大きい働きをしている。

識大

で最後は、識大。識大以前の五大までは、どちらかと言えばある程度形で表現されている世界。だけどこの識大になりますと、心というか、もともとものごとを了別する働らきです。心というと人間にしかないようですけど、人間だけじゃなくて植物にも動物にも共通してある感受性、まあ動物の場合、純粋感情かも分からないけど、本能みたいなもの、これも形がないですね。生命力と言ったって形がない。本能と言っても、形がないんだけどちゃんと持ってますよね。動物・植物だって生きているわけですから、みんなそういう心を持っている。まあ人間が考える、思考能力だけじゃない、もっと広い意味でね、形のない識の世界と言っても良い。五大が形のあるものとするなら、形で表現されない、形を超えた、物はあるんだけどその物に即して形のない世界がある。同時に成り立っている。こういうのが仏教のものの見方です。物質（五大）と心（識大）というのは、仏教では一体のものとして見ます。

脳死問題

今、脳死問題が盛んになっていますけどね、心を抜きにすれば脳死状態というのは死というかも分からない。だけどアカの他人でない、肉親がそういう状態にある場合、脳死は死であると言われてもね。何故あれだけみんな迷うんでしょうかね、国会議員でも、投票どっちにしよう。これ無理な話でね、そんな法律で決めるような問題じゃないんです、脳死が死であるかどうかというのはね。だって脳死の状態にある人は発言できないんですよ。脳死状態になっているんだけど、周りにいる人の話が聞こえているかもしれないんですよね。聞こえてるんだけど自分で表現できない。周りでは、ああ、こいつは脳死状態だからもう死んだとおなじだから、生命維持装置は外しても良いんだ。ああ、ちょっと待ってくれ待ってくれ、俺は生きているんだという、まあそういうSF小説みたいなのがありますけどね。それはありうるかも分からない。生きている人のサイドで言っているだけの話でね、まだ脳死状態の人の意見を聞いたことはないんだから。意見を聞くというのは、生き返らなければ駄目だと言うかも分からんけど。脳死と言っても、生命維持装置を外すと、なんかサアッと汗をかいて、ちょっとテレビで見たことがありますが、外すとね、プップッと冷や汗みたいのが出てくるんですよ。で、今までピンク色した肌がサアッと白くなっていくのが本当に分かるんですよ。だからね、それは脳は死んでいるかも分からんけど、身体全体が死んでいるとは言い切れない。だから決め付けるにはちょっとまだ早いんです。まあ脳死状態もいろいろで、確かに絶対にもとに戻らないという、現実にはそれがあるからまあ死も同然だと。だからと言ってね、なにも決め付ける必要はないんですよ。

問題なのは臓器を提供したいという人がいるわけですね、そういう人達が、現状ではこっちがせっかく善意で上げたいと思っている人まで上げられないじゃないかと。だから法律で脳死は死であると言えば、まあ殺人罪というのは少なくとも成立しないわけですから。むしろ移植の為の法改正なんですね。これ特例としてね、本当にやりたいという人の場合はちゃんと意思表示できていて、生前からはっきりしている場合は、それは認めるぐらいの法律なら良いんですけどね。ただその大前提として脳死は死であると認めよと、こうなるとね、やはりまだ二の足を踏む、人間の情としてね。やっぱり本能に関わることですから、割り切れない面があるんですよ。日本人なら特にね。というのは、大前提として心と肉体というものは不可分の状態にあると、これ仏教徒ならね、いちいち教わらなくても、長年の習慣で感じているんです。

魂と肉体

その点はクリスチャンなんかは割り切っていますよ。なんの躊躇もなく臓器移植に提供しますと。だってアメリカなんか車の免許証を取るときにサインする欄があって、要するに交通事故で死んだ場合は自分の臓器とか無条件に提供しますとサインさせられるんです、向こうは。だから日常茶飯事になっているから、今更脳死状態なんて別に特殊な例じゃないとね、普段からそういうふうなものの考え方ですから。

魂と肉体と分けるんですね。魂があるのは人間だけだと。動物にはない、植物にもない。だから動物を殺しても可哀相とか、そういうのは一切感じないんです。例外としてペットの問題があるんですけどね。あれはちょっと分からないですね、われわれから見ると。牛や豚は良いけど、鯨や犬とかああいうのを虐待するの、虐待というか、まあ韓国人なんか犬肉好きですからね、イギリスなんかカンカンになって怒るでしょう。だからオリンピックのときだけは韓国政府が犬料理屋に休業させたという。欧米人がいっぱい来るから、犬肉を食べる食堂があると分かるとイメージが悪くなるからって、一時禁止したんです、その期間だけ。だけどまあ考えようによっては変な話ですよね。人間にしか魂がないと言っていながら、特定なペットは別格に扱うというのは。それでもやはり動物そのものには魂は認めない。だから日本でよくやるペットのお葬式というのね、子供のない人なんか犬猫を自分の子供とおなじように育ててるわけですから、情が移っちゃって、死んだら嘆き悲しんでね、で、ちゃんとお葬式をして、犬猫のお墓が今結構売れてるんだそうです。それであるクリスチャンの人が、愛犬が亡くなったんで、まあ外人の神父さんを呼んでお葬式というかね、なんて言うのか、ミサをあげて下さいと言ったら、びっくりされたって言うんですね。なんで動物を祈らなければいけないのか、動物には魂がないんだから、そんなものはする必要がないって。日本人として日本に生れ育ったから、クリスチャンでもやっぱり日本的な仏教の影響を受けていますから、それを聞いて唖然とするんですね。まあそのぐらいものの考え方が違う。

どちらかと言えばね、肉体は悪魔の巣窟みたいに考える。キリスト教の特にアウグスチヌスなんかね、人間の体というのは欲望のすみかであるから、サタンのすみかでもある。悪魔のすみかでもある。肉体と精神を分けて、まあ精神は綺麗だと、二元論みたいに分けるんです。だから臓器移植でも割り切ることができるんでしょう。そのくせ最後の審判のとき五体揃ってないとパラダイスへ行けないというので、戦争なんかでも結構苦労してバラバラになった死体を集めて運ぶんですよ。激戦区でも原則としては死体を持って帰る。持って帰るというかね、まあよほどやむをえない場合は置いて行くけど。それからバラバラになったのをちゃんと縫ってね、で、棺桶におさめて、そうしないと最後の審判が来て天国へ行くとき、揃ってないとうまくいかないからって。まあこういうのはよく分かんない。一方では肉体というものはあんまり重視しないで、そのときだけは必要みたいです。どちらかと言うと、肉体と精神と分けて考えるのが欧米人の考え方。

東洋の考え方というのはだいたい一体化しちゃうんですね。自然と、人間、あるいは肉体と精神というのは渾然一体のものであると、そこから始まる。これは大きな違いだと思います。

自然と対立する一神教の神

自然というのはヨーロッパでは人間に仇《あだ》をなすものなんですね。自然の環境厳しいですから。しょっちゅう自然に苛められてる。旱魃とか大雨、大洪水、しょっちゅう作物がそれによって被害を受ける。と、当然その自然を支配する超自然の神様というものを要求してくるんですね。だから一神教は超自然の神様なんです。自然なんかに負けてないというかね、それを逆に支配する全知全能の神なんです。

日本の神道はね、やっぱり自然の神様ですよ。八百万《やおよろず》の神様というのは自然と逆らわないというか、火の神様、水の神様、みんなごく自然にまつってる。自然は厳しい反面、恩恵も与える。だから自然と人間というのは対立しない関係にあるというか、お互いにもちつもたれつというか、神道の場合そうですね。たいてい鎮守の森に神社がある。一方教会の周囲には、教会をしのぐ高い樹木はありません。もしあったら切ってしまいます。

向こうはやっぱり自然と対立する神様なんです。まあこれはやはり風土的なものが結構あるんですね。砂漠へ行くとね、太陽というのは悪魔ですよ。悪魔の化身。もうギラギラ照りつけてね、喉が渇いてしょうがないし、大地に草も生えない。東洋へ来ると大日如来なんて太陽神というかね、太陽は恵の象徴として信仰の対象になるけど、アラブとか砂漠地帯なんかとんでもない、太陽を目の敵にするわけですからね。むしろ夜涼しい感じを与えるお月さんの方が、神様というなら神様、ちょっと恵みを与えてくれるから。少なくとも昼間照りつける太陽だけは神様として崇める対象にはならない。

東洋ではやはり自然が豊かですよ。大地でもベトナムやタイなんか行くと三期作か、米三回穫れるって言う。二毛作どころじゃない。そのぐらい土地が肥えてるし水も豊富。それから太陽が適度な熱を与える。だからそれうまくいってるわけですね。そういう所では太陽というのは、やっぱり恵みの神様の象徴になる。そういう意味でこれはやむをえない面もある。その風土、土地の違いというかね、置かれてる環境によって宗教も影響を受けることは。

五智の宝冠

まあそれはともかく、大日如来は六大でも表現される。それから五智如来で表現する場合もある。智慧を五つに分ける。分けるって言うか、更に深くね、まあ智慧っていうのは一つのものでしょうけど、いろんな側面を持ってますからそれを五つの方面から表現していく。それが五智如来。で、五智如来というのは大日如来の別名といってもよい。五智如来を象徴して冠の中に五仏を表現しています。大日如来は必ず冠をかぶってるんです。冠かぶってない大日如来はない。奈良の大仏はかぶってないでしょう。あれは盧遮那仏《るしゃなぶつ》なんです。大日如来と名前ちょっと似てるんですけど区別してる、盧遮那仏と摩訶《まか》毘盧遮那仏というのは。要するに密教でいう大日如来というのはこれ区別している。奈良の盧遮那仏は僧形です。摩訶毘盧遮那仏（大日如来）は菩薩像で有髪で装身具をたくさんつけていますす。で、仏像でも一つの決まりがありまして、大日如来は必ず五智宝冠と言って五智を象徴した宝冠をかぶっている。五智というのは法界体性智から始まって大円鏡智、平等性智《しょうち》、妙観察智《みょうかんざっち》、成所作智《じょうそさち》。要するに大日如来というものをあんまり人格的にみたり霊魂化しない為に、智慧で表す。前回は六大で表した。今度は五つの智慧で表す。智慧と言ってもね、いろんな要素がある。自覚というか、ものごとをありのままに見るという、わけ隔てなく平等に見るこれは仏様の智慧ですね。われわれの知恵というのは小賢しい知恵ですから、自分に都合の良い知恵の用い方してますから、都合の悪い面になると結構盲目に近い知恵です。

本当の平等は仏教にしかない

だけど仏様の智慧というのは包み隠さずあらゆるものを平等に照らす。それ平等性智という。これは仏様で現すと宝生《ほうしょう》如来。宝生如来の悟り、ものごとを平等にみる智慧です。平等ということは衆生であるわれわれも仏様もみんな平等、等しいという。差がないということ。これ大変なことですよ。他の宗教と違うのはここなんですよ。平等ということは言わない、他の宗教では。神様と人間というのは次元が違うという。

人間と神様が平等なんていうのはとんでもないと言う。このようなことを言うと昔なら異端といわれ、まず殺された。今なら破門になるでしょう。破門と言うかね。神様と人間が平等なんてありえない。何故なら神様というのはわれわれを造った、われわれどころじゃない、この世の中の神羅万象を、天地を創造されたんだ。創造主である。われわれは神様によって造られた被造物。無数に造られた物の一つにすぎない。われわれ以外にもこの世の物全部造ったんですから、たくさんあるうちの一つの造られた物にしかすぎない。それが神様と平等だなんて言ったら、神を冒瀆するもんであると、これはどの一神教でもイスラムだろうがユダヤだろうがキリスト教だろうがどの一神教でも共通してます。神と人間が平等という教えは、仏教だけじゃない、日本の神道《しんとう》も似てますよ。神様と結構一体になる、まあ日本独特かも分からない。だから人間でも人間以上の行ないをした人は神にまつられる。この辺だって乃木神社だとか東郷神社、千葉には佐倉宗五を祀る佐倉神社がある。だからその土地土地に犠牲になってその村人を救ったような人はみんな神様にまつられてます。そのように日本では、ある意味で神様と人間は平等ですね。その平等を説く最たるものが仏教なんです。みんな仏にならなければいけないというのがお釈迦様の教えですから。なにもお釈迦様だけが悟りを開いて、あとはその恩寵にあずかっておこぼれをいただいて悟りを得るとかでお茶濁すんじゃない。お釈迦様はそういうことをおっしゃらない。みんなを成仏させる。みんな悟りを開くことができるんだと。その教えの筋道を初めてわれわれに示された。これは全てが平等という教えがあるから成り立つんです。仏様とわれわれが平等という。バラモン教はカーストという階級制度が心の面まで及んでいるので平等というまでにはいかない。

普通、人間の世界では平等というのはみんな悪平等ですよ。能力の違う者までも一緒に平等にしようというんですから、これ無理な話なんです。基本的な人権とかは平等で良いでしょう。だけどそれにもとずいて、本人の努力によって変わっていくわけですから。それを金持ちはケシカランと、貧乏人にもっと金やらなきゃいけないと。共産主義は平等を掲げてる。社会主義というのは平等でしょう。でも本当の意味での平等かどうかそれは分かりません。なんか無理がある。無理やりに平等にしようというう。それはそうですね。人間の欲を否定してるわけですから。仏教でいう菩薩様みたいな人だけなら社会主義の理想は達成される。だけど、欲で成り立っている娑婆《しゃば》世界ですからね、無理やりに平等を持ってきたら変な話になるんですよ。悪平等になる。

この前の美濃部都知事のときの「橋の論理」は典型ですね。一人でも反対したら橋はかけないと。その他、みんな平等にしたのは良いんだけど財政破綻しちゃった。金持ちにまで七十過ぎると無料パス配ったって言うんだから。風呂券とかね。金持ちが要るわけない、そんなもの。平等になりゃそうなっちゃう。なんで一方の人だけに手当てを厚くして一方の人に厚くしないのか、不平等じゃないかと。人間の娑婆世界で平等を振り回すと、必ずこういう問題が出てくる。

だから社会主義はみんな平等に貧乏になったんですよ。それで達成された。金持ちは一人もいなくなった、表面上はね。だけど共産党は党員が今度特権を持った。だから平等にならない。赤い貴族といわれてる。資本主義の金持ち以上の特権持っていく。三権分立どころじゃない、三権全部握ってるわけですから。司法、立法、行政ね。できないことは、なんにもない。権力さえ握れば。だから平等というのは確かに人間の耳に入りやすいんですけどね、娑婆世界で行なうにはある程度差し引いて考えないと。本当の平等というのはありえない。不平等で平等になる、丁度ね。金持ちからは多く税金を取り貧しい人には社会福祉で与えてやる。足りない人にはうんとやる。ある人にはやらない、これぐらいの不平等でないと地ならしできないでしょう、本当の意味で。だからそういう意味じゃ平等と差別は矛盾する現象が出てくる。

だから平等というのは本当に私心がなくなった世界でなければ成立しないんです。仏様の無我の精神じゃないと平等ということが本当に理解されない。

福祉と人間の欲

人間はやっぱり欲で動いていますからね、あの人にくれるなら私にもくれって言う、みんな人間それ持ってますから。まあせいぜい基本的人権は平等であると。肌の色とか出身によって最初から差別があってはおかしい。これはもう当然ですね。こういうものは平等でなければいけないですけど。それ以外の個人の努力によって差が出てきたものは、無理やりに平等にしようとやったら誰も働かなくなっちゃう。現にスウェーデンとか、ああいう社会福祉が完備している国では、給料の半分以上を税金で持って行かれると働く意欲がなくなる。その代りゆりかごから墓場まで全部国家が面倒見る。だから当然税金高い。どっちが良いかですね。ただこれらの国の人口は五百万人以下です。しかも資源も豊富です。一億人もいる国に当てはまるかどうか。

今、各国が問題にしてるのは小さい政府が良いか、大きな政府が良いか。小さな政府というのは、われわれの生命の安全、財産の保護、これだけは守ると。あとは自分達の努力に任すと、これは小さい政府。大きな政府というのはなるたけ福祉を充実させて国が全部面倒見ると。一応理想郷のように見えますけど裏付けとしてお金が要るんですね。税金が要る、具体的には。だからどっちを選ぶかですね、国民が。そこで大体最近の動きを見ると小さな政府をみんな望んでる。みんな税金払いたくないですから。まあ試行錯誤していろいろやってきたけど、結局ある程度は人間の努力も必要だということが分かってきた。努力なければ達成されない。それがやっぱり私心をなくするという、本当に相手の立場になって考えてやる。これは政治じゃ無理ですよ。政治というのは七十点取れば満点だと言われてる。最大多数の最大幸福ですから。ここをね、間違えちゃいけないところでね、政治にあんまり過大に期待しちゃいけない。宗教と政治の違いはやっぱりあるんです。政治の場合はどちらかと言うと大雑把ですよ。まあ大多数の人がこの辺で満足しようという。キリがないですから、欲というのはね。

福祉行政でもどんどん完備されていっても、まだ足りない、まだ足りないって言う。

現に今三十二兆円が医療に関する予算として使われている。日本の国家予算の三分の一超えてるわけでしょ。減ったことなかったんですから、今まで。このままでいくとそろそろもうパンクすることが分かってきた、だんだん。もう二千何十年には支払うことができないということ、計算ではっきり分かってるんです。今までは五人で一人の老人を支えてる。将来、二〇三〇年頃には三人ぐらいで一人の老人を支えなければいけない。もっと負担が多くなっていく。それから今医療みたいに出来高払い制度といって、いくらかけても良いんですね、お医者さんが。今まで病人を治療する治療代というのは天井がなかったんです。先日、多い人で、二千九百万円の治療費を計上したニュースをみた、一ヵ月の医療費ですよ。で、助かりゃまだ良いですよ、死んでるんだ、そういう人に限って。医者の大義名分もあるんですね、最後まで治療を諦めないという。諦めないのは良いけどね、諦めて貰いたい場合もある。要するにこれ以上やっても、もう分かってるんですよ、無駄なことはね。助からないということ分かっていながら、無駄な治療をしている。何もしないのも一つの治療だと思います。要するに請求すれば金貰えるもんだから、まあ悪く考えれば使えば使うほど病院にとっては経営が楽になる。一人の患者が一ヵ月で二千九百万円ですからね。一ヵ月間だけでない、前から入院してるわけですから、そういう患者さんというのは普段から何百万も使ってるんです。

最後の一番使ったときで二千九百万円ですから。人間の命は地球より重いって言って、それで命が助かればまだ良いですけどね、駄目だって分かってる病気に限って金がかかるんですよ。もう今まで使った薬が効かないわけですから、高い薬になっていく。だからある程度天井の線引きしてこれ以上は患者側の負担になると、そういうことを考えざるを得なくなってきてる。それはそうでしょう。もう予算は決まってるんだから。そんなことしてたら日本の国家予算が半分以上消えてなくなっちゃう。

これもね、今考えると、全然福祉がないときが本当は一番必要だったんですね。戦後の何も無いとき。まあうちも保育園やってて知ってますけどね。あの頃は戦争の終わったすぐ後ですから、昭和二十四年か、初めて青森で御前さんが保育園を開いて、もう子供いっぱいいましたからね、あの頃。定員は五十人なんですけどね、結局入れてくれ、入れてくれってヤミで入れて多いとき百人近くいたんじゃないかな。で、条件としては必ず親が働いて面倒見られないから預けてくれと。で、中にはもう収入の少ない家庭は、市が保育料出して本人はゼロですね、一切払わない。まあそれだけ苦しい人ですよ。そういう人が結構いましたよ。だからあの頃一番福祉が必要だった。今は本当に食えなくて共働きしてるというよりは、二人で共働きして少しでも収入を確保しておこうと、結構そういう要素が強いですね。

今の福祉は昔に比べたらかなり改善されています。それでもまだ足りないらしい。人間の要求はキリがない。だから福祉とか平等っていうのはね、やっぱりよくよく考えないと、ある意味では悪平等にもなってしまうきらいがある。福祉を受ける方はやはり感謝の気持ちを忘れてはいけないと思う。

この五智如来が説く平等というのは、基本的な意味においてわれわれはみんな仏様の性をいただいてる、そこに目覚めること。だから平等だから、われわれ仏になることができる。成仏ができるんです。平等でなければ成仏ということありえない。仏と衆生は、もともと根っこが一つだからね。悟ってないときの呼び名は凡夫と言うんです、衆生と言う。で、悟ったときは仏陀とか聖者と言われる。おなじ人間でも呼称が違うだけでね、中身は同じです、根っこは。そこはみんな平等なんです。だから平等の教えというのは仏教以外にないですよ。一切衆生という言葉には人間だけでない、動植物も皆平等だという意味がこめられている。全てが平等というのは仏教の根幹をなしてる。このように見ることを平等性智という。仏様でいうと宝生如来《ほうしょうにょらい》、南方に位置する。まあ別に東西南北にあてはめなくても良いんですけど、曼荼羅で描く場合、一応整理整頓した方が分かりやすいから。

阿弥陀如来の妙観察智

西方は阿弥陀浄土。昔から西は阿弥陀様のましますお浄土と決まってる。西方十万億土の彼方に極楽浄土がある、極楽というのは阿弥陀様の浄土の名前を極楽という。極楽というのは楽の極まりって書くね、これ以上の楽はない、安楽な世界はない。しかし、東の浄土もある。西があるなら東がある。これは阿閦《あしゅく》如来の浄土。南にも今言ったように宝生如来の浄土がある。人間の世界に合せて東西南北に配すが、本来の仏様としては方向なんて必要ない、どこにも遍満しているのです。浄土というのは悟りの世界とみれば良いんです。悟りの世界。だから仏様がましますす場所は悟りの世界だから、みんなお浄土ですよ。で、阿弥陀様の世界を智慧で表すとどういう智慧を表現するかと言うと、妙観察智と言って、確かに仏様は一視同仁と言うか、平等にわれわれを見做すんですけど、もう一つ個別に詳しくみると皆平等というわけではない。一人一人、なんで苦しんでるかを詳しく観なければならない。観察の「観」という、ただ見るっていうんでもわけへだてなく全般的に見るのと、おなじ見るにしても一人一人因縁が違いますから、その悩みの内容もまた違う、それを詳しく見ていくのを妙観察智という。妙、妙《たえ》なる妙ですね。阿弥陀様の智慧を妙観察智という。だから個別に詳しく具体的に見ていくわけですね、一人一人の悩みの現状を。そういうふうによく苦しみを聞いていく。そうすると原因が分かってくる。なんで自分が苦しんでるか、その根源が、原因がだんだん分かってくる。そういう智慧を司るのも阿弥陀如来の悟りである妙観察智なのですね。

阿閦如来《あしゅくにょらい》の大円鏡智

それから東方阿閦如来の智慧はどういう智慧かと言えば大円鏡智と云って、大きなまあるい円《まどか》な、大円というのは一円二円の円の字です。まあるい鏡、大円鏡智。鏡というのはあらゆるものをありのままに映す。その前に来れば大きいものだろうが小さいものだろうが、汚いものであろうが綺麗なものであろうが、包み隠さずありのままに映し出す。喩えていうなら鏡のように分け隔てなくものごとを深く映し出して知るという意味で大円鏡智という。やっぱり仏様の智慧の一つの特徴としてね、ありのままに見るという。『大日経』に「実の如く自心を知る」という言葉があるように、現状をありのまま自覚するということ。自覚ですからね、仏教の場合。現状から目を逸《そ》らさない。今はこうだけど本当は違うんだとか、そういう屁理屈を言わない。まず現実を見る。それしかないんだから。現実に答が全部ある。そういう意味でこの大円鏡智というのもまた仏様の智慧の代表的な徳を表してる。閻魔大王の前へ行くとね、鏡があって生前行なった行為が全部映し出されるって、ね。よく地獄図なんか見ると鏡がありますよ。あれ浄玻璃《じょうはり》の鏡って言う。隠せないですね。法律はごまかせても浄玻璃の鏡の前に立つと過去の悪業が全部現れる。善業も勿論現れるでしょうけど、悪業も全部映し出される。そういう意味で隠すことができない、仏様の智慧の前では。みんなお見通しというか。だから自分自身も我が身の都合の悪いことも赤裸々に全部まず映し出されます。信心は、ここから始まる。飾らない、取り繕わない。自身の現実をありのままに見るところから仏法は始まるわけですから。その智慧を象徴したのがこの大円鏡智。仏様でいうなら東方の阿閦如来です。薬師如来も東方の仏様です。瑠璃光浄土という。

お釈迦様の成所作智

それから北方にもまた不空成就とか或いはお釈迦様に象徴される仏様として成所作智《じょうそさち》という。成所作智《さくち》と読みがちですが、じょうというのは成るという字、成田山の成り、しょというのは所、作智というのは造作の作、作るという字ですね、人偏に。これどういうことかと言うと、なすところのものを成就する、成し遂げる、やることを成し遂げる智慧。要するにただ知るだけじゃ駄目だと言う。知ったなら行動に移すというか、そういう智慧である。客観的に、ああ、こうだこうだと、頭の中で分かったというんじゃなくて、分かったなら即座に行動に移さなければならない智慧。まあ今言った大円鏡智、平等性智、妙観察智、これ全部に共通することですけど、単に客観的にああそうだと知るだけじゃ駄目なんですね。それを行動に移し具体化する智慧です。

法界体性智

で、この四つの智慧というのは、根本にある法界体性智という大きな智慧の四つの側面という。まあ法界自体がさっき言ったように法の世界自体智慧を象徴してるわけですから、その法界体性智を更に細かく四つの方面から四智を説いていけば法界体性智がどういうものであるか分かる。法界体性智というのは本来法界に遍満している。だからこれは法界体性智も合わせて五智と言う。五智如来として大日如来を表現する。

大日如来の三つの徳

それからまたあるときは、大日如来というのは大きな太陽に象徴されますから、大きな特徴として闇を晴らすという。闇というのはわれわれの迷いの世界のことです。暗黒の闇を晴らす。そういう意味で「除闇遍明《じょあんへんみょう》」の徳があると言う。まあ昔から大日如来の特徴として三つの表現法があります。まあ前にも言いましたけど、この真成院の入り口に石柱に除闇遍明と書いてある。これ大日如来の徳を表してる。闇を除いて遍く照らす。除闇遍明。まあ太陽が朝出てくると一瞬にして闇が消えてなくなる。それとおなじように大日如来の智慧がわれわれに及んでくると、サーッと照らされて闇が晴れるように自分の煩悩も晴れてくる。だから大日如来の大きな一つの特徴として除闇遍明の徳がある。

それから「能成衆務《のうじょうしゅむ》」。これ難しい表現ですけど、どういうことかと言うと衆というのはね、たくさんという意味なんです。たくさんの務め、務めというのは働きということね、これを成し遂げるんですから、能く成し遂げる。もろもろのたくさんの働きを成し遂げる。どういうことかと言うと、太陽というのは、今この場合、光の徳ですよね、闇を晴らす。だけどその前に、太陽というのは熱、エネルギーの根源なんですね、われわれにとっては。あるいは動植物にとっても。太陽に照らされないと生存できない。適度の気温というかね、植物が育つには、ある程度の温度がなければ駄目ですね。零下だと死んじゃうわけですから。勿論太陽熱もそうですけど、それからいろんな放射線ですね、赤外線、紫外線、それから電磁波等、いろいろ研究されていますが、まだ分からないものがいっぱいある。それみんな太陽から出てるわけですから。太陽を喩えで出しましたが、大日如来は無限の徳をわれわれに与えるという、それを能成衆務と言う。ちょっと漢文の難しい表現してますけど。要するにたくさんの働きを全部成し遂げるという。大日如来というのね。

それからもう一つの大日如来の特徴として、「光無生滅《こうむしょうめつ》」。単なる太陽だけだったらこれは限界がある。最初の限界というのは、朝上ったら夕方には沈んでしまう。太陽が沈んだら、また真っ暗闇に戻るじゃないかと。そういうものじゃなくて、大日如来の光というのは生滅が無い、永遠不滅である。太陽の場合は朝から夕方は照ってるけど、夕方になればまた朝まで真っ暗闇になる。それから日陰ということもない、遍く照らす。これは毎日の変化ですけど。それから太陽だって何千億年か経てばだんだんエネルギーが弱って終いには消滅していく。だからそれは生滅の世界でもありますからね、因縁によって起った世界は必ず消滅する。だけど大日如来のこの智慧の働き、あるいは慈悲の働きというのは消滅しないという、永遠不滅であると。いわゆる単なる太陽と異なるという意味で大の字を付けるわけですね。日輪の日、日如来でも良いんだけど、日輪如来でも良いんですけど、するとどうも太陽と似たようなあれでまだ半分しか象徴してない。大の字を付けて太陽とは違うんだよという意味で大日如来。毘盧遮那、毘盧遮那というのはこれインドの言葉で単なる音訳ですね。漢字で書くとこういう難しい漢字書きますけどね。毘盧遮那というのヴァイロチャーナというインドの言葉を音訳、音が似てる漢字にあてはめただけです。光り輝くという意味を持ってる。ヴァイロチャーナ。それ意味を持たせて訳すと大日という、大日如来。

アビラウンケンは六大無礙《ろくだいむげ》を現わす

で、これを端的に言葉で表したのが御真言なんです。オンアビラウンケン。オンアビラウンケンというのは、今言った大日如来のいろんな徳をね、五智でも表す、六大でも表せる、それからこういうふうに三つの特徴によっても表せる。それを言葉で表すとオンアビラウンケン。だから一番の基本はやはりオンアビラウンケンですね。オンというのは帰依する、帰命する。ア、ビ、ラ、ウン、ケンというのはこれは六大を示してる。まあ最後の識大は言葉として表現されませんが、ア、ビ、ラ、ウン、ケン、五つの文字はそれぞれ地大・水大・火大・風大・空大に表現された。例えばアビラウンケンのアというのは大地、地大です。ビというのは水ですね、水大。ラというのは火大。ウンというのは風大。ケンというのは空大。で、ウンはね、最後の、正式にはアビラウンケンウン、ウンというのは識大になるんだけど、これ省略しまして五大で六大を表現してる。例えば五重塔がそうですね。五重塔は本当は六大を現してるんです。だけど地水火風空までは形で表現できるけど、識大、識は形を超えた世界だから現さない。だから五重塔と同時に五重塔を取り巻くものがぜんぶ識大といっても良い。そういう意味で識大は昔から形に現さない。だから五輪の塔そのものが六大を現す。或いは五重塔そのものが六大を現す。だからアビラウンケンもね、本当はアビラウンケンウンと言うと、ウンが識大になるわけですからそれで六大ということになるんですけど、昔から御真言の場合も、最後の識大は形がないものだから表さないでアビラウンケンで六大に含まれてる。そういう表現してます。

我、大悲に包まる

だからあくまでもわれわれが信じて初めて仏様なのです。仏様もわれわれを対象としてね、われわれも信ずるし、仏様も本願によってわれわれを救ってくださる。これ両方が相俟たないとね、本当の意味で生きた仏様にならない。われわれが信じないなら、言葉としてはあるかも分からんけど、そんなものは仏様でもなんでもない。やっぱり信ずる人間と信じられる法というものが一体となって初めて仏法が生きてくる。だから必ず自分自身にとっての大日如来、大日如来は我れなりと。だから織田隆弘先生は正念誦の観想の中で「五智の覚体は無限の大悲なり、如来大悲の我に入り、我大悲に包まる」と表現しています。我大悲に包まるという実感がなければ自分にとっての大日如来という実感がない。如来を信じてないなら、自分にとっても仏様はないに等しい。必ず信じて初めてそこから始まるんです。教え自体がそこから始まる。信じられないものをやったってこれ生きてこない。仏様が信じられないという人がいるが、しかし、そういう仏様は信じるに価いしない仏様でしょう。仏様なんていらないと思っている人でしょう。私が信ずるのはわれわれの止むに止まれぬ要求、願いに応じて悩みを救わんがために表われて下さる仏様です。自分の力で解決できない人生の大きな悩みをかかえ、苦しんでいる人間の為、オンアビラウンケンと名のられた仏様です。だから具体的には一人一人がオンアビラウンケンと念誦する時、即大日如来と感応する。大日如来は我れなり、我を救いたもう為に、自分になって下さった、ありがたいことだと素直に信ずるばかりです。だから自分の身口意に感ずるものですよ、仏様というのは。心だけの仏はない。身体も仏に密接に関係ある。自分の体全体が仏様に包まれているから等しくなる。本来無色無形の仏様が具体的に身体をもった仏様になる。一方はまあ人間が仏様になるという表現あるかも分からんけど、その大前提として、むしろすでに仏様が人間になって下さっている。だから自分の身体を通してわれわれがまた仏様を信ずることができる。成仏ということが成り立つ。成仏が成り立つ大前提として仏様が人間になる。人間になるということはわれわれが具体的に本当に信ずることができる仏様である。身も心もオンアビラウンケンと感謝してとなえる。だから因果同時なんです。われわれが仏を念ずることと、仏様がわれわれを念ずるのが同時だから救いが成就する。われと仏には間《あいだ》がない。迷ってるときは間がある。一所懸命信じようと思っても、なかなか仏様の方が遠ざかる、こっちは追っかけるんだけど、追っかければ追っかけるほどまた遠のいていく。自分が仏に成ろうとすると自分と仏様に、これ間があるんですね、どうしても。

菩提心が仏の心

そうじゃなくて、むしろ自分が求めてる気持ちですね。菩提心という。成仏しようという、或いはこういう煩悩の世界から解放されたいというか、そういう願望がみんなあるわけですから、それを菩提心という。現状に満足せず更に上のものを求めていくという向上心ですね。その最たるものが菩提心で、悟りを求めていく。迷いから抜け出したいという、この輪廻転生の輪から本当の意味で解脱したいという、そういう願望がある。それを菩提心という。だから菩提心がもう仏様の心なんです。仏様の心が人間の心になったときを菩提心という。個人のみの救いを求めるには菩提心と云わない。私が発する心でありながら、もう私を超えた一切衆生を救おうというスケールの大きい心を菩提心という。菩提心が自分に生じてきたということは、どこから生じてくるかと言えば、やはり自分の心の深いところから生じてきてる。

だから自分の心の深いところには仏様の大きな心がもう既に流れてるわけですから、それを本当の意味で自覚する。再認識する。それを信心とか或いは悟りというんでしょう。だからそういう意味で大日如来の心と自分の心というのは別なものじゃないんです。われわれの心というのは、しょっちゅう煩悩にとらわれて利己的にしか考えてませんけどね、そういう「我《が》」を取りはらった、純粋な心を見ていくと、やはりそこに仏様の無我の気持ちと相通じるものがみんな流れてるんです。それに気が付くことを信心という。また気が付こうと努力することを信仰の生活という。

仏様と同時にとなえる真言

そこを忘れない為にわれわれは毎日勤行としてオンアビラウンケンと御真言をとなえてく。真言のない仏様はいませんが、諸仏が生れてくる根本は大日如来の真言です。オンアビラウンケンです。その内容は今日私が言ってきた全てが、これオンアビラウンケンの内容です。オンアビラウンケンという具体的な祈りの言葉がないとね、われわれは何を実践していったらよいのか、ピンときませんよ、ただ、修行しろったってね。取り付く島がないというか。やはり真言のいわれをちゃんと聞いていけば、オンアビラウンケンとはこういう深い意味があるのかと。具体的に、ああ、大日如来というのは自分のことなんだなと。自分を抜きにした大日如来もないんだと。一人一人がやっぱり大日如来ということを感じていく。自分は大日如来の一部でもあるし、同時に大日如来が私になって下さる。自分にも大日如来の心が流れてるんだ。そう深く知ることを成仏と言うんです。自分が人間として完成する。まあ仏様になるんだから人間として完成すれば成仏だ。なにも高望みしなくてもね。三帰、三竟、十善戒を守っていけばその人はもう仏様に等しい。だからそういう気持ちを忘れないように毎日となえるのがこの『真言念誦行次第』です。その中の一番の要になるのが、この大日如来様の御真言をとなえるということ。だからこれ行《ぎょう》なんですね。一つの行。修行なんです。行というのは生活ということです。

本当の行とは毎日の生活

特定の目的を達成する為にやるのは本当の行じゃないですよ、それは行を悟りを得る為の手段にしている。本当はしたくないんだけどね、まあ、悟りを得る為にはこれ我慢しなきゃいけないんだと、歯をくいしばってやるのもそれは一つのいきかたかも分からんけど、そんなね、無理してやることだけが行じゃない。それは個人の行でしょう。ためにする人間の行です。

オンアビラケンケンというのはね、仏様の行なんです。仏様がわれわれを救おうという大慈大悲が、智慧の現れが、仏様の大行です。仏様の行というのは衆生を済度することです。われわれを必ず救おうという祈り（加持）を持って、もう既に行じられてる、大きな行をなさってる。それは真言念誦行です。これは誰でもとなえられる。年寄りだろうが子供だろうが、健康だろうが、病人だろうが、男だろうが女だろうが、電車の中だってちょっと時間があらばとなえられる。声出さなくたって念ずることはできる。これに勝る易行道はないですよ。確かにいろんな修行がありますよ。期日を区切ってね、三、七、二十一日、短いやつでね。それから百日とか千日とかね。まあいろんな行法《ぎょうぼう》がある。みんな修行の為の条件が大変なんだ、お膳立てがね。山の道場にこもって、しかも、満月の日始まって満月の日終わるとかね。しきたりがいっぱいあります。当時の僧侶は、決められた修行規定に基づいて行った。でも在家の人は、なかなかそれしたくたって時間がないですよ。だから場所とか時間、一切左右されない修行法が必要です。出家の行は場所とか時間、厳格な儀軌による決まりがある。だけど密教で説く「行」は、仏様の偉大なる大行なんだから、それにわれわれが信じて参加することです。信心や行は本来時間空間になんら制限されるものではない。いつでもどこでも、思い立ったが吉日という言葉あるように、思い立ったら真言をとなえればよい。ましてや毎日の一つの生活習慣になっていけば、なにもそう力まなくても、楽しみながらやることが行です、本当はね。楽しむっていったらちょっと語弊があるけど、なんて言うのかなあ、仏恩に感謝しながら真言念誦に親しむ。われらが一人で歩むのではない、仏様と一緒に行じている。ある何里か先、何百キロ先のものを目標において、それに到達するまでが行じゃないんです。仏様の行というのは一歩一歩がもう成就してる。それが本当の行です。だから真言のとなえ方が変わってくる。なんか将来に目標をおいてしまうと、それを達成するまでには悲壮感を持ってね、何百万遍となえなきゃいけないとか。となえる御真言も回数やスピードが気になってね、地に足のつかない、身に付かない真言念誦になっていく。もう一声一声ですよ、オンアビラウンケン　オンアビラウンケンてね。私がオンアビラウンケンととなえると同時に仏様もオンアビラウンケンと同時にとなえてるわけですから、一声一声が成就してるんです。ここを忘れて目標ばかり、到達点ばっかりに目が向くから、やっぱり難行になってしまう。苦しい行になってしまう。だから真言のいわれを本当に聞きながらとなえると分かりやすい。真言のいわれを腹に入れないでとなえると呪文になる。どうしても呪文化していってしまう。呪文というのは一見摩訶不思議に見える。呪文は、わけが分からんから有り難い、意味が分かったら呪文にならない。真言は意味が分かったら有り難い。分かるまではあんまり有り難くないかもしれないが、分かれば分かるほど有り難い。そういうもんです、真実というのは。

仏様の五大願

で、さっき言ったようにわれわれの機根に応じてたくさん仏様出てきましたね。仏様がこの世に出興された姿が御真言なんです。御真言が仏様なんです。真言を絵に描いたり彫刻にしたら御本尊様になる。その祈りの一番最初の姿というのは言葉です。だからなんとか如来、なんとか菩薩というけどね、みんなそれ御真言ですよ。だからどの仏様にも必ず御真言がある、真言のない仏様は一つもない。むしろ真言が仏様なんです。ここのところを忘れないでくださいよ。そうしないとね、多神論みたいになっちゃう。この御利益を願うときはこの仏様を頼もうと、そういうふうにバラバラになっちゃう。確かにこれだけ菩薩が多いのは、その仏様でなければならん独特の誓願というものがある。しかしその大前提に共通する誓願は五大願です。どの仏様もみんな五大願を持っている。五大願を持ってるんですけど、われわれの機根に応じて特にまたその仏様が現れなければならん曰《いわ》く因縁があるわけですからね。それはその仏様独特の願いがある。それをまた御真言で表現していってる。薬師如来というのはお医者さんに例えられる。手に薬壷《やっこ》を持っている、薬師ですからね、薬師は薬を調合する方ですから要するに病気を治すお医者さんです、やっぱり。診断しなければ薬の調合できないわけだから。そういう表現の仕方で現れた仏様が薬師如来です。あるいは文殊菩薩みたいに智慧というかね。文殊の智慧という。まあ慈悲を強調する仏様もあるし或いは智慧の方面を強調する仏様もある。或いは煩悩に負けない意思の力というか、そういう表現をしたのが不動明王みたいにね。明王というのもたくさんある、軍荼利《ぐんだり》明王、愛染明王、降三世《ごうざんぜ》明王等。明王というのは煩悩にも負けない、それを吹き飛ばすような、煩悩の方が怖がるようなね、すごい形相の仏様です。これは意思の力というかね、それを表わした仏様もまた表現される。まあたくさんありますよ、そういう意味でね。たくさんあったってみんな大日如来の一部分なんです。だから極端に言ったらオンアビラウンケン一つで通したって良い。全部オンアビラウンケンで通しても良いんだけど、まあせっかくそういう仏様が歴史的にわれわれに信仰されてきてるんですから、やはりそれなりの因縁がある。やっぱり観音様とか阿弥陀様というのは日本人は好きですよね。好きだっていうことは、それだけわれわれの先祖が親しんだ長い長い歴史がある。まあそれはそれとして尊んでいく。でもその根底には大日如来の悟りの世界がある。大日如来の智慧と慈悲を諸々の仏様でまた表現していったと思えば良いわけですから、どの仏様もみんな大日如来がわれわれをなんとかして救おうという、そういう使命を持って働いてるということを腹に入れて誦《とな》えて下さい。

仏様を一つで統一したのは浄土教ですね。或いは禅宗。浄土教は阿弥陀様オンリーですよ。阿弥陀様以外にあんまり出てこない。たまに観音様ちょっと出るくらいでね、他は出てきません。禅宗もお釈迦様だけかな。シンプルでいいが、ちょっと寂しいですね。人間には悩みがいろいろありますからね。個性というか。それに応じてまた別な角度から説法していく。当然そういうのがある。やっぱり聞いて分からない面もあるんですね。阿弥陀様の教えだけだと満足しない人、或いはちょっとピンとこない人いる。そういう人にはお不動様の教えを聞くと、うん、分かりやすいと。逆の場合もあるでしょう。人間の心というのは複雑ですから、人間のこの心理状態というのは。その複雑な機根に応じてまた無限の法界は、本来色も形もないんですけど、そこから衆生の要請に応じて諸仏諸菩薩が現れてくる。まあそれは無数の因縁によりたくさん仏様があってもみんなこれは大日如来です。そこをちゃんと分かって諸尊の御真言をとなえていけば、深みのある円満な信心になる。マンダラには、大日如来を中心にたくさんの仏様が描かれていますが、ちゃんと統一がとれている。神仏が争う必要がない。仏教美術は密教美術と言ってもよいくらい様々な仏・菩薩様がいて、われらを仏の教えに導いて下さる。一仏もいいがにぎやかにたくさんの仏様が和気藹々とましますのも仏教らしい寛容な世界です。

はい、今日は大日如来についてお話ししました。

初出「多聞」(平成20年三七〇号、三七一号)

仏の誓願をいただいている自分

おかげさまで、さきほど八角廟《はっかくびょう》が無事開眼されました。塔には「六大無礙」と記され、台の部分には八正道の言葉が刻まれております。仏教徒が実践すべき八つの大事なことです。八角廟で真成院の歴代の住職を供養し、同時に無縁さんも供養しています。無縁さんを供養するのは大きな功徳でございます。また隆弘先生のお骨も収めておりますので、どうぞお参りください。

さて、キリスト教、イスラム教などの一神教は、お互いに自分の信じる神こそが正しいと非常に強く思っています。その神のお告げによって聖戦という名目で戦争まで始めてしまうのです。これは真実とはまた別の話です。一方、仏様の教えは、民族や時代によって変わるものではありません。仏様は人間の外に実在する、いわゆる霊的な存在とは違います。仏とは真実の理法そのものです。たとえば、諸行無常の理（ものごとは変化していく）、因縁の理（すべてのものごとは因と縁によって成り立っている、単独で存在するものはない）がそれです。同時に真実にはまちがっていることを正す力があります。

この真実の理は、単に抽象的なものではなく、私たち衆生の迷いを見るにみかねて真実に気づかせようと、われわれを救うために働いています。真実の理は、智慧であり慈悲なのです。この働きは、まず法界力として働いています。それが具体的になると如来加持力になり、その力をいただいた時、我功徳力となります。

真言をとなえる時、いやおうなく仏とひとつになっています。となえる自分ととなえられる真言はひとつです。もともと仏様と自分は一体だからです。そこに気づきなさいというのが密教の教えなのです。十善戒を守っていくことは、とても大事なのですが、実際、なかなか守りきれるものではありません。それは、自分が仏ということに気がつかないから煩悩に惑わされふらふらしているんですね。仏様と自身との関係に気づいた時、煩悩に振り回されていた自分が、ご破算され、リセットされるのです。

私たちが仏様を忘れていても、仏様は、寝ても覚めてもわれわれを念じています。それを誓願といいます。それが真言という形になっているのです。

今日は、観音会で観音様の功徳日ですが、観音様がなぜこうして親しまれているかといいますと、観音様は、煩悩の中で私たちといっしょに苦しんでくれるからです。観音様は、観自在菩薩ともいいます。観自在つまり、現実を在りのままに見る力を与えてくださいます。在りのままに見るなら、畏《おそ》れるものはなくなります。それが災難にも耐える力となるのです。

本当の信心とは、そういう仏様の誓願をいただいている自分自身を信じることでもあるのです。

（平成十八年九月十八日）

質疑応答「六大無礙にして常に瑜伽なり」

毎月第二日曜日には兵庫県西宮道場で関西法話が行われている。午後からは、質疑応答の時間を設けて、日頃、疑問に思っていることなどを自由に質問していただいています。

識大の働き

――では勉強会をはじめましょう。

隆深　この前の講習会に出た方も多いと思いますけど、そのときの質問でも良いですし、日頃思っていることでもなんでも結構ですから、話のきっかけとして質問があれば、それから話していきますから。

――みなさんに書いていただいた講習会で聞きたいことの項目にありましたのは、

例えば六大の中で、識大というのはどんな働きをするのかという質問がありました。

隆深　識大というのは簡単に言えばわれわれの意識、意思とかね、ものの考え、思考とか、ものごとを決断するという働きを識大にしていますけどね。いわゆる意識です。心の働き、識と心はおなじです。だから目に見えない、形としてはね。目には見えないんだけど、形あるものを動かしているものなんですよね。人間の知・情・意だけでなく、形に表われないが、あらゆるものに偏在しているものです。

――全てのものは六大ということになると、例えば無機物にも基本的にそういう識大があるということでよろしいんですか。

隆深　そうなんです。こういう木とか鉄なんかには心はないというふうに人間決めていますけど、それは人間みたいな思考はしないかも分からないけど、形ないものの働きとしてある。鉄だって温度を高くすれば溶けるわけでしょう。で、いろんな形に変わっていく。だから人間の心の働きと全ておなじというわけにいかないけど、形のあるものと形のないものをどういうふうに見るかですね。心は形はないが、無に等しいものかと言ったらそうでもない。具体的な目に見えたり耳に聞こえたりする形はないけれども、明らかに形あるものを動かしている、また形あるものを成り立たせている、鉄という堅くて重い心が形に表われると鉄になる、水という融通無礙の心が水という形になっている。あらゆるものが形をとっているのは、目には見えないが、無形の心が具体すると形を取る。それが識大の働きである。だから識大があるから六大無礙なんですよ。無礙ということが成り立つ。識大がなかったら無礙ということは成り立たない。他の五大だと具体的な形がありますから。無礙というのは障りがないということです。妨げるものがないということですから、識大があるから六大が無礙に自由自在に動き出すことができる。いわゆる無限の世界ですよ。形のない世界は何かといったら無限の世界ですよ。識大というのは無限の世界。前五大、地水火風空までは、どちらかと言えば形で表せる有限の世界です。だから極端に言えば六大というのは形のあるものと形のないものが融合している、無礙である、不二である、瑜伽なりと。それを示している。六大まで言ったのは空海だけなんですよ。四大まではよく言う。或いは三大とかね。要するにこの世の宇宙を成り立たしめている根源的要素はなにかといったら、地であると言ったり、水であると言ったりする人もいるしね、ギリシアの哲学でも。せいぜい仏教でも四大までは言うんです。地水火風。四大不調につき薬石効なく誰々がいつ何日亡くなりましたという昔からの表現があります。だから四大というのは形あるものとして肉体という意味に使っていた。弘法大師の「六大無礙にして常に瑜伽なり」というのは、そこに識大というものを発見し五大に加えたが為に、全然今までのものの考え方と違って、この宇宙の動きを全部含むことになる。しかも前の五大が自由自在に動くというのは識大があるからです。自分自身も六大によって立っている。形のない識大（心）がすでに五大（肉体）の中にあるから自由に動くことができる。形あるものは限定され、それ以上動けないようだが、識大（心）という融通無礙の働きにより肉体も自由に動くことができる。だから「六大無礙にして常に瑜伽なり」ということが成り立つのは識大があるからです。

心が身体に影響する

隆深　お加持というのも識大の働きです、どちらかと言えばね。識大が五大に反応していくんですよ。加持はもともと目に見えないものです。心の働きと云ってよい。目に見えないんだけど、目に見える身体に即影響している。だから加持が成り立つのも識大があるからです。弘法大師だけじゃない、お釈迦様でも仏教の要は心とは何かを解明したんです。それは識大なんですよ。心の問題なんですよ。ある意味では肉体は迷ってない。心が迷っているんです。肉体はわれわれも動物の一種ですから、本能で生きているんです。迷いがない、本能というのは。理屈がない世界ですから。屁理屈を言わない。

ところが心というのは、これね、欲が出てくるから、人間というのはね。自分中心に考える。自分を大切にするという、善悪以前の問題で、まず自分の生命を守ろうという防衛本能がありますから、そこにこの人間の心の働きは他の動物に比べるとまるっきり違う。人間と他の動物とどこが違うかと言ったら、この識心の能力の差ですよ。人間ぐらい心の働きの旺盛なものはない。他の動物は食事でも腹八分ですよ、絶対食べ過ぎない。人間だけですよ、好きなものだといくらでも食べる。嫌いなものは食わない。或いは今食べなくても明日の為に保存しておこうとか、そういう知恵が働く。他の動物はそこまでいかない。だけどそういう意味では動物は健康体ですよね。病気で死ぬということはない、寿命ですよ。まあ時々流行り病みたいな病原菌で伝染して死ぬ場合もあるけど、野生の動物は本来なら大体天寿を全うするんです。で、自分の死期も分かるしね。象とか猫でも死ぬ間際になるとスッといなくなるという、昔からね。人間以上ですよ。ちゃんと死を悟ってね。人間は死ぬ瞬間まで分からないんだから。やっぱり欲が強いからね。まあ人間でも悟り開いたような方は分かるけどね、自分の寿命というのはね。人間は心の働きがあまりにも旺盛なので、良いほうに使った場合、動物以上の存在になっていくんだけど、それを悪いほうに使ったら動物以下ですよね。本能のままで生きていればまだ悪いことはしないんだけど、人間というのは神を戴き正義を振り回して人を殺したり、そういうことをする動物ですから。

あらゆる問題は心にある

隆深　仏教の要は心の問題ですよ。病むのは心なんです。もちろん肉体も病気になりますが、肉体の病はかなり研究され治療法も進歩しています。しかし、単なる肉体の病ということはない、必ず心が関係しているんです。今はストレスという言葉があるけど、お釈迦様の頃は煩悩と言った。煩悩の働き。無明煩悩の執着心、貪瞋癡の三毒とかね。今の言葉で言えばストレスでしょうね。それは身体を蝕んでいきますよ。だから肉体には免疫能力がある、白血球もあるしマクロファッジみたいになって病原菌が入れば感知して、一旦かかったインフルエンザは絶対かからない。ちゃんと記憶があって、今度あれが入ってきたらやっつける方法みんな覚えてますからね。だから身体は本当に完備していますよ。問題なのは心なんですよ。

だから仏教の教えはなにかと言えば、人間の心とはなにか、心の本質は何か、本当の心のすがたはなにか、それを教える。われわれに自覚の道を教える。自分とはなにかということをね。身体のほうは、科学の進歩で、それは綿密にかなり細部にわたって研究されています。今は分子生物学や遺伝子の進歩によりかなり解明され、細胞の段階までわかってきた。だけど心のほうは分かっているようで分かってない。お釈迦様の頃と今とあんまり変わらないですよ。今のほうがもっと落ちているかも分からない。それはお釈迦様の頃も邪教みたいなのがいっぱいあったかも分からないけど、まだ今よりはマシですよ。いわゆる信仰に迷っているだけで、金儲けの為にうまい具合に教団に騙されるとかそういうのは、お釈迦様の頃はなかったと思います。外道はあったけど、外道なりに救いを求めていた、法を求めていた。金儲けの宗教産業みたいなことはなかったようです。教えによって人を殺すとかね。オウム真理教みたいなのはないです。今、むしろ精神面では昔の人に比べたら退化してます。もっと悪くなっている。昔は、悪いことをしたら神様が見ているという、そういう恐怖心もあったし、いわゆる因果応報で、悪いことをしたら苦の結果を受ける、輪廻転生ね、地獄に落ちるというそういう恐怖感を持って、業果を信じていたから。今はそんなもの信じない時代ですから、もっと悪いですよ、だから心理学がいくら人間の心を分析したって治せない。今は精神病院へ入ったら薬漬けでもう終わりでしょう。まず治らない。精神安定剤というのを服まされる。あれはなんてことない、軽い麻薬ですよ。睡眠薬なんか服むと頭がボーッとなるんだ。確かにイライラして切れて人を刺すような人間には効果あるかもしれません。ちょっと神経を弛緩させてカッとしないようにするには効力があるかも分からないけど、あれをわれわれが服んだらおかしくなりますよ。精神安定剤が不安定剤になっちゃう。正常な人が服んだら。

――それをのんでいる人から聞いたことあるんですが、一日中頭がボーッとなると……。

隆深　ボーッとなるんですよ。寝ているのか起きているのか分からないような。大体今使ってる薬というのは、正常な人が服んだら気持ち悪くなるのが主流でしょう。全然害のない薬なんてないですよ。毒をもって毒を制するというか、そういう考えがあるかも分からないけど。正常な人が抗癌剤を服んだらおかしくなる。癌の人だから、癌を退治するという大義名分があるから使いますけど、それだって副作用がすごいんですよ。

だから仏教というのは、心にあらゆる問題があるということを徹底してお釈迦様は説教された。ここまで追及した宗教はないですよ。普通の宗教は神様が出てくる。神様におまかせすれば良いんだ。神を信じれば大体解決して下さるという。

仏教は自覚の教え

隆深　ところが仏教はそういう意味では自覚の教えですからね。自分の心というものはなんであるか。だから仏教の信心というのはそういう意味では他の宗教と違う。やっぱり自覚の要素が強い宗教です。自分とはなにかを求めていく宗教です。向こうは神様を信ずることが信仰の中心だから、神あっての自分である。仏教からいったら神様がなくたってさしつかえない。自分以外に霊的存在の仏様がいるのかいないのかとか、そんなことはどうでも良い。そんなことを説いてるわけじゃない。仏の悟った真実の道理をわれわれが実践して信じていけば必ず救われる、それを自覚するという、そういう道を説いたのがお釈迦様だから。それを説く方を仏様という。仏様が指し示した真実の道理を信じることにより、われわれは助かる。他の宗教は神を信ずる、仏教は仏を信ずるという、言葉はおなじだけど中身が違う。仏の教えを信ずる。仏が説いたことはなにか。また仏というのは単なる言葉じゃないということ。生きて働いている、さっきちょっと言いましたけど、われわれがこうして生きて動いているように、真実の法も生きて動いている。抽象的な、生きているのか死んでいるのか分からないような、理法だけ言っているわけじゃない。生きている理法ですよ、仏法というのはね。また慈悲ということがよくそれを表現している。慈悲がなかったら、智慧だけだとちょっと冷めた冷静な智慧ということで終わってしまう。迷おうが悟ろうがそれはその人の自業自得だということになる。だけどもう一方に慈悲ということがある、仏法ではね。仏法の大きな項目として、智慧と同時に慈悲の心をいう。慈悲というのは智慧に裏付けられている。慈悲とは一切衆生を救おうという心ですけど、もう一つ言うなら、智慧が智慧で終わらない、迷い苦しんでいる衆生を必ず助けなければやまないという行動力です。一切衆生を救おうという、動的なものです。抽象的な理法じゃない、智慧が慈悲に変わるということです。だから一つの感覚的なものとして観音様、阿弥陀様を感情的に拝んでも通じるんですよ。情的に拝むのは別に悪いことじゃない、ちゃんと内容が分かれば感情的に拝んだってそのほうがピッタリくるかも分からない。理法を六大無礙というよりは観音様或いは阿弥陀様と、そういう人格的仏像に手を合わせて祈ったほうがピンとくる人にはそれでも良いですよ。密教はそれちゃんと許すというか、そういうものも含む。ただ、あんまり霊的な存在に執着すると困るから、ときには六大無礙みたいに論理的に説く。大日如来というよりは地水火風空識大だと、こうするとあんまり霊的な感じがしないでしょう、六大と表現するとわかり易い。

四種の曼荼羅

隆深　曼荼羅でも四種類ある。曼荼羅というのは人間の本来備わった完全円満な悟りの境界を図式化したものです。しかも四つの方面から。一番われわれ親しめるのは、大曼荼羅といって、人間のお姿をした仏様がいっぱい描かれている。これは見てわれわれも分かりやすいです。大日如来が真ん中にいて、周りにいろんな如来様或いは菩薩様、一番外側には神様もとり囲んでいるから、これは分かりやすい。

　分かりやすい反面、下手したら霊魂崇拝みたいに、たくさんの仏様という霊がいると信じるような間違いを犯しやすい。それではいけないから、今度は法曼荼羅といって、いわゆる種字《しゅじ》、梵字で表現する。われわれのこの密門会のマーク（）は阿字といって、インドの悉曇《しったん》文字です。これ一字で全部仏様を表現することができる、どの仏様も種字で表わすことができる。すると種字だとあんまり人格的な表現じゃないから、これなにを象徴しているのかと、こう理論、言葉で考えるでしょう。これを法曼荼羅というんです。こうして喋っているのも法曼荼羅ですよ。お経もみんな法ですよ、法曼荼羅。文字で表現する。論理的に言葉で表現していく。

　で、あるときは三昧耶《さんまや》曼荼羅といって、仏様の持ち物、仏様が持ってる剣とか或いは蓮華の花とか或いは経本或いは五鈷とか法輪とか、種々のシンボルで象徴する。これはなにかと言ったら、その仏様はどういう誓願、祈りを持ってわれわれに対しているのかと。仏教では祈りのことを本願とか誓願とか本誓《ほんぜい》と言います、それを形で表した。例えば剣だと文殊菩薩、「文殊の利剣は諸戯《しょけ》を断つ」といって、われわれの迷いを剣で打ち切る。で、剣を見たら、ああ、文殊様の剣はわれわれの迷いの蔓みたいなものを切る剣だと、パッとこう分る。そういうふうに教えられている。経文は普賢菩薩様の象徴。蓮華の花を見たら、蓮華というのは泥沼から咲くけど泥に染まらない、清らかな花を咲かす、それが観音様だと。こうパッと持ち物を見ることによって分かる、一つの象徴ですよね。人間の姿じゃないけど、物を通してこの物はなにを象徴しているか、何の願いであるか、祈りであるか、そっちの方面から、仏様はなにか、悟りはなにかということを表現する。

それからもう一つは羯磨《かつま》曼荼羅といって、仏像のように立体的に造型されたもので表現する。これは高野山の大塔内部とか東寺の講堂のように、大きな本山クラスじゃないとないんだけど、小寺の檀の上にある六器とか火舎《かしゃ》、五鈷《ごこ》、金剛盤というような立体的なものだって羯磨曼荼羅と思って良いんですよ。形としてはね。掛軸みたいに掛けるわけにいかない。羯磨曼荼羅というのは大壇の上にこう立体物として置くんです。それもやっぱり象徴ですよ。五鈷杵《ごこしょ》というのは五智如来を表す。五つの智慧ね。六器というのは六度万行。六度の行ね、布施、持戒、忍辱、精神、禅定、智慧という六つの行を六つ器でそれぞれ表す。灯明というのは光ですよね、仏様の光で闇を照らす意味で灯明をあげる。それから花というのはやっぱり清浄にする、荘厳する、清める、飾る。火舎というのはこの中に抹香を焚くんです。お香というのは一旦火をつけたら燃え切るまでやめない、精進努力を表している。それぞれにみんなこの羯磨曼荼羅の意味しているところは実際に行動する智慧です、われわれの日常の朝起きてから寝るまでのことが全部仏様の行《ぎょう》にかなっているんだよということを象徴している、羯磨曼荼羅という。これみんな曼荼羅なんです。

　われわれ大曼荼羅だけ見るとどうしても情的になるから、まあそれでも良いんだけど、本当の意味を知らせるには、また大曼荼羅以外の三種の曼荼羅から見れば、よりはっきり法とはなにかが分かる。また執着しない、霊的な存在と誤解しない。だから密教では曼荼羅でも四つの方面から見ていく。曼荼羅とはなにかと言うと、さっき言ったように基本的にはみんなわれわれの心、既に備わっている功徳というものをね、表現しているんですよ。もう欠けたるものはなにもない。もうみんな満足。不平不満を言わない。仏心というのはみんな備わっているんだと、輪円具足《りんねんぐそく》を象徴しているんです。それが分からないから、いわゆる曼荼羅で仏様のお姿で表現して、あたかもお浄土に仏様が鎮座ましましてたくさんの菩薩に囲まれている。あれはなんの姿か、われわれの本来の心の姿です、仏心のね。われわれなかなかそれ気がつかないから、本当はこうなんだよと、鏡みたいにうつし出して見せているんです。だからといって外にあるわけじゃない。本当は我が心の中にあるんですけどね、それが見えないから、一つの方便として表現している、仏様をね。なにもお前達は凡人でこんな世界へ来るには修行努力しなければ駄目だとか、一から始めなければ駄目だってことを言ってるんじゃない。ちゃんとあることを映し出している。特に密教というのはそうですよ。

仏心とは慈悲と智慧

隆深　即身成仏というけど、もともと仏様の性があるんだからそれを再認識し、再発見し、そこに立ち返る、それが即身成仏。成仏と言うと、いわゆる神通力が全部備わって、なんでも分かるような、五色の後光でも放ってオーラを発してと、そういうのをみんな意識するかも分からないけど、そこまで考えなくても、仏様の心というのは慈悲と智慧ですから。まあときには慈、悲、喜、捨、あるいは布施、愛語、利行、同事というふうに、要するに自分のことだけじゃない、みんなのことを一緒に考える慈悲の心と、それからものごとをはっきり見定めるありのままに見る智慧ということね、これは基本ですよ、仏様のね。

だから悟りを開いたからといって神通力が開けるとは限らない。神通力というのはある意味では生まれつきの才能が影響する。ですから僕の好きな言葉で「**我れに大力量あり、風吹かばすなわち倒る**」（唐代・雲門文偃《うんもんぶんえん》８２２〜９０８）ってね、私はものすごいパワーがあるんだ、大風が吹いたら倒れるんだと。だから自然のまま。それを逆説的にね、なにも仏様になったからといって神通力がないといけないということじゃないと。それは神通力のある人もいますよ。それは付随的なもので、なくたってかまわない。そこを、仏様というとなんかみんな特別のイメージを持っているんですね。なんでもお見通しとか、いろんな超能力みたいなのが備わっているような、全知全能の神みたいなものをイメージするけど、そういうことを言ってるわけじゃない。慈悲と智慧ということをちゃんと腹に入れていれば、赤の他人から見ればそれだけでも神通力ですよ。だから仏になると、悟りを開く。もう一つ深く自覚する。目が覚めるという意味のね。仏陀というのはインドのもとの意味からいくと目が覚めるということらしい。だから、ひろさちやさんが冗談で、われわれはみんな一日一回は仏陀になるって。朝、目が覚めるんだからみんな仏陀だなんて言ってましたけどね、もとの意味はそうなんですよ。目が覚めるという。仏教ではもっと深い意味で、迷いから覚めるという、それは仏になる、成仏するということはそういうこと。

祈ると法が具体化する

隆深　六大無礙の話からこんなことになりましたけど、まあ大日如来を六大無礙と表現をするのは密教独特ですよ。六大無礙があるから、密教においてはいわゆる霊的な意味で他の神様にお縋りするような感覚はちょっとそこで打ち切られますよね。人間のお姿をしたありがたい大日如来だけでいくと危ない面もある。それでも良いんですよ。本来の密教の大きな意味からいけば、それは情的にあたかもましますが如く観音様、大日如来様有り難うございますって、人格的な仏様として拝んだってそれはかまわない。道理さえちゃんと弁えていればね。そのほうが本当は分かりやすい。人格的に情的に祈ったほうがそれは親しみやすいですよ。ただ、そこの道理を知らないでやるとちょっと危ない面がある。じゃあ、他の神様を信じるのとどこが違うのかということになる。仏教はやっぱり真実の道理を説きますから。

だから極端に言えば、よくお百度参りとかね、昔、仏教のイロハも全然知らない人が切羽詰まって、願いごとを成就してもらう為に、暗いうちからお寺や神社にお参りして水かぶったり、それで時々お陰をいただくとかね、御利益もあったというのは、それはあるんですよ。人間が切羽つまって止むに止まれず一所懸命、観音様助けてくださいって、本当に祈ってるとね、天が至誠に応えて効験を表わす。そのぐらいの働きはある。ましてや道理を弁えて真言をとなえていけばもっと早いんだけどね。真言の内容を知らないから、ただ一所懸命お願いしますお願いしますだけど、それに何故そうなるかということを信心の道理として普段から勉強していけば尚、早い。その行動がなるほどと分かってくる。だからわれわれから一方的にお願いしますと言っているようですけど、本当は同時に仏様、と言っちゃおかしいけど、仏法、法界、法身仏、その法のほうもそれに感応をして具体化するんですよ。人間の身体を通して具体化に救って下さる。人間が救いの対象だから、やっぱり仏様は人間の姿で表われます。具体化するということは、抽象的な仏がわれわれ自身に感応道交して救って下さることです。

猫や犬を対象にした曼荼羅だったら犬猫の姿で表わしたかも分からない。彼らにとってはピンときますからね。人間が対象だから人間の姿になってますけどね。そういう関係にある。だからこの識大というのは密教独特のものですよ。この識大があるからスケールが大きくなる。六大無碍に転開する。

宇宙全体と関わっている自分

隆深　一切衆生ということも、いわゆる無機物というか、生き物だけじゃなくて、今、地球環境というのも地球にやさしくとかなんかそういうキャッチフレーズが唱えられるような時代になったから、やはり地球だって生き物ですよね。石だって水だって生きている。仏教から見れば一切衆生というのは森羅万象全部含まれる。大きくは地球だって太陽だって銀河系だって。だから密教だけだ、星を仏様の象徴として拝むのはね。密教の星供といって節分になってますけどね、星を祀るんですよ、仏様として。これ密教の考え方です。『宿曜経』というお経もある。天文学の星のとらえ方とは違いますけどね、名前も違うけど。地球だけ見ているわけじゃない。昔の人は電気がないから夜になれば目に入るのは月と星の世界ですよ。だから昔の人は黙っていても星というものとお月様とは生活に密接な関係があることに気づいていた。もうお月様なんか毎日でしょう。形を見ただけで今日は何日か分かるんですから。満月は十五夜に決まっているんですからね。或いは上弦の月、下弦の月、新月といったらなにもないから今日は一日だとかね、三十日だとか、それはもうピンときた。同時に星も目に入りますからね、昔の人は現代人以上に星というものに関心を持っていた。だから仏教の中でも、特に密教になりますと星を如来になぞらえて、一つのお経があるぐらいです。それくらいだから六大無礙というのは単なる人間世界だけで問題にしているわけじゃない。人間世界だって全体の一部ですから、六大無礙ということは、ケシ粒みたいな小さなものから宇宙大のものまで全部六大無礙で成り立っている。そういう意味においてはみんな共通していてしかも平等です。共通平等だからわれわれ他のものと感応道交することができる。花を見て美しいと思うのも、花もわれわれを見ているんですよ。人間だけ一方的に花を見ているわけじゃない。そういう関係にある。

特にこの加持感応というのは識大の世界の働きです。識大だけでもこれは成り立たない。やっぱり識大を感じる具体的なものがある、いわゆる形のあるものですよね、肉体なら肉体、心だけじゃ成り立たない。心が実感として分かるのは肉体を通してですよ。肉体が実感として分かるのは心を通してですよ。この両方はもう切っても切れない関係にある。だから「六大無礙にして常に瑜伽なり」というのは、弘法大師の『即身成仏義』の中の有名な文句ですけどね、これに尽きますよね。この世のありさまをありのままに表現しているのが六大無礙です。あらゆるものが六大から生まれてそこへ帰っていく。「六大無礙にして常に瑜伽なり」。「宇宙一切は六大、我れも六大なり、六大一実の体《たい》は大日如来なり」……隆弘先生が正念誦の観想のところに書いているように、まさしくそれですよ。自分というこの存在が宇宙全体に関わっている、宇宙全体がここに現れている、自分を通してね。

欲が身体を壊す

隆深　だから、わたしは罪深いいたずらものの凡夫ですなんて、そんな自分を卑下しているどころじゃない。こんな大切な偉大なものを貰ってむしろ仏様と等しいということを自覚しないと仏様に申しわけない。密教は自分自身をありのままに観ます。だから弘法大師は即身成仏を唱えた。即身というのは身体の「身」と書くんですね。禅宗では「心」と書くんですよ、「是心是仏《ぜしんぜぶつ》」とかね、心がそのまま仏なんだと。肉体は糞袋みたいなもので煩悩の巣窟で本当は汚らわしいものであると。心だけはそういうものに惑わされないというか、いわゆる泥沼に咲く蓮華の花に譬えるなら、肉体が泥沼で清らかな仏心を咲かすのは心だと。成仏の為の観想として行ずる不浄観を見ると、肉体を煩悩の巣窟と観想する、えてしてそういう説き方をする。一方では「色心《しきしん》不二《ふに》」と言ってね、心と肉体というのは不二なものだから平等であると言いながら、どちらかと言えば肉体というのは心に比べれば汚いものであると。身体は煩悩に直結しているようなそういう考えがやっぱり強いですよ。密教になって初めて心と肉体が平等である。心が肉体より優れているというそう自慢できるものでもない。やっぱり肉体と心というのは両方相俟ってお互いに生かし合うというか、実感として感ずるわけですから。心も肉体も平等です。

さっき言ったように、むしろ心が汚れているから肉体に影響するんですよ。肉体はそんなに悪くない。みんな本能で動いていますから。やっぱり腹をこわしたりするのは欲ですよ。食べ過ぎとか、或いは添加物をいっぱい使って、本当は腐らなければならないものを長持ちさせるが為に、或いは見た目を綺麗にしようとか色を使ったり。

最近はギョーザの皮にしても、固くならないように柔らかくする薬を使ってる。それも一個二個食っても差支えないかも分からないけど、あらゆる食品に入っているわけですから、回り回って癌になりやすい。そういう仕組みを作ってますよ、人間の欲は。長くもたせることにより収入が増える。これ心の働らきですよ。腐るものは腐るということをそこに意識すれば良いんだけど。

今、水がそうでしょう。水道水というのはほとんど、直に飲むと変な臭いがする、カルキ、塩素の臭い。その他たくさん水源地の汚染に比例して使う薬も分量が多い、或いは種類が多い。人間の身体の七割は水で、毎日水がなければ生きていけないわけですから、これが昔みたいな水でないとしたら難病が増えるのは当たり前ですよ。

それから塩とか砂糖。ある研究したお医者さんが、最近変な病、アトピーとか多いのは、塩に関係があるという。昔は塩田で作った太陽がカンカンと照らしてミネラル豊富で、ある程度不純物（にがり物質）も入っていたというんです。今売っている塩の多くはは九十九・九％の塩化ナトリウムなんだけど、昔の塩は、それプラス、まあ不純物と言ったら語弊があるけど、ミネラルとかカリウムとかなにかそういうものがあるというんですね。で、天然の塩を使っていたときは今みたいに変な病気はなかった、特にアトピーなんていうのはね。で、やはり塩化ナトリウムで成分がほとんど九十九％も同じだから工場で手軽に作って大量生産するほうが手軽で、安くできる。それで塩化ナトリウムに国（専売公社）が切り替えたわけでしょう。これ人間の欲ですよ。安く早く手軽なものを作ろうと。塩というのはいろんな食品に入ってますから、人工的な塩化ナトリウムだけの塩を恐らく使ってますよ。回り回って悪影響を受けている。だから料亭でおすましを作るときは、今の塩化ナトリウムは使えないという、白く濁っちゃうから。塩田で作った塩じゃないとあのおすましにならないという。料亭では塩化ナトリウム塩を絶対使わないらしい。もっとも味も違うらしいけどね。うるさい人に言わせると甘みがあると言うんですね、昔の塩は。砂糖だってそうでしょう。精選して白砂糖、純度が高くなればなるほど血を酸性血液にしてどろどろにしていくというのがだんだん分かってきた。だからこれはやっぱり人間の欲ですよ。いかにして便利で快適にと、それから安くコストを下げて金を儲けようと、これ心がみんな考えることですからね。身体はそんなこと考えません、心ですよ、そんなことを考えるのは。心と身体は切り離せないから、やはり身体も関係あるでしょうけど。どちらかと言えば本当は心ですね。肉体はもう悟ってもいなければ迷ってもいないでしょう。自然のままというのは一番の良い状態だから。

もともとの心は清浄である

隆深　まあ六大無礙という弘法大師の教えは普通の有り難や信仰を超えた表現です。昔は六大ということを五大で表現した。何故なら五大は形があるから。いわゆる五輪塔というのがね。昔の墓は大体五輪塔ですよ。あれ地水火風空で表わしているという。識というのは形がないから、形にしないことによって五輪塔を囲む全宇宙が識大ですからね。あれで全宇宙を表している。五輪塔のようだけど五輪塔も含めて全部識大ですからね。この世の宇宙を全部表現しているわけ。五輪塔というのは、なかなか道理のあるお墓ですよね。今の長方形の墓石に比べれば、ちゃんと道理に基づいた作り方ですね。

六大について話していけばキリがないですけど、無限の世界ですよ。六大の識大というのはね。無限であって清浄である、綺麗である。本当に汚されてない。清浄、無限、それから妨げるものがない、無礙ということね。識大、虚空に等しい、だからお経には人間の心と仏心と菩提心、これ一つのものであると。われわれの心と仏様の心が等しいと言ったらみんなびっくりするかも分からないけど、それは表面上のわれわれの心は汚れているけど、汚れる前の心というのはみんな共通なんです。仏心と共通。菩提心とも言う。清浄な心ですよ、自由自在の心。それをわれわれには生まれつき具わっていると仏様は説いておられます。しかし、やっぱり煩悩があるから、自分を守ろうとする為に、生きていく為にやっぱり知恵がいっぱい出てくる。出れば出るほどやっぱり「我《が》」というものが募っていきますから、知らぬうちに無意識のうちに自分が可愛いというか、やっぱり自分中心に考える習慣がついてきますから、意識して汚しているわけじゃないんです、無意識のうちですよ。だから気がつかない。

これは煩悩といってもこの煩悩がまた迷をひるがえし悟りに至る鍵でもあるんです。煩悩を除いて清浄な心もないんです。煩悩はある意味で清浄な心が変形した心です。本来の清浄な純粋な心が形を変えて今、現に現れている。変化したとしても、もともとの心というのはこれは間違いない。今、歪《いびつ》な形で表現されているけど、この根っこになると清浄な心にみんな繋がっている。だからその現在の歪な心をありのままに自覚する。自覚した途端、ハッと元の純粋な心へ帰るんです。ここが心の自由自在な不可思議な働きでしょう、心はね。形ある物質は、ある程度形を変えることができても、破壊即創造というわけにはいかない。形あるものは、すぐに元の状態に帰ることはできないけど、心だけは分かった途端パッと変わるんです。転ずることができる。もともと形がないから、変わるのも早いんです。長年の迷いも一瞬で翻る。

煩悩の両面

隆深　だから煩悩という形を通して、本来の清浄な心に心を向けていくなら煩悩を敵視することはない。むしろ煩悩が契機となる。

しかし、煩悩があるから、われわれは本来の心のすがたを求める気持ちにもなるし、変わる前の状態に目を向けることができる。すると今まで自分を邪魔していた煩悩が、逆に今度は菩提に変える力になっていく。自分を励ます意味での原動力に変わる。ある意味では煩悩がなければ、われわれこの世で生活できませんよ。煩悩を悪いように考えていますけどね。学者によっては「煩悩、悪への傾向」なんて、ひどい解説をしているけど冗談じゃない。善への傾向だってあるんですよ、煩悩というのは。善悪両方含むんですよ。煩悩があるから結婚するんですよ。煩悩があるから子供が生まれるんですよ。子供が生まれるから可愛いんですよ。腹が減るから物を食べる。分からないことがあるから分かろうとする。苦しいことがあるとなんとかそれから抜け出ようとする。克服しようとする。克己心というものが生まれてくる。これやっぱり煩悩のお陰ですよ。煩悩がないと無味乾燥ですよ。なにもない。文学だろうが芸術だろうが、音楽だろうが、これは煩悩が花開いた世界を描いているんですよ。人生の潤いですよね、生活に潤いがある。良い音楽だってそう。良い絵画を見たいと、これはみんな煩悩ですよ。煩悩が昇華すればそういうふうになっていく。だから煩悩を敵かカタキみたいにして消し去らなければならないというふうに考えるのもどうかと思う。

生死と涅槃、これは相反する言葉です、善と悪、方と円、長方形、丸、地獄・極楽、これ人間社会から見ればまるっきり反対の言葉を並列しているみたいだけど、仏様からみれば一つのものだと弘法大師はいう。右から見るのと左から見るのとの違いぐらいだ。ちゃんとものの本質を見る智慧の目から見れば、地獄も極楽も紙の表裏みたいなものです。人間が真実の法に反したことをやると地獄の世界になる。その地獄の世界を通して深く懺悔すれば逆に極楽世界に変わるという。両方のことを意味している。

ですから例えば毒薬でも薬でも使い方によるので、偉大な医者は毒を薬に変えることができる。これは仏様の目からは毒も使いようがあるんです。それは現在の医学だって毒を使ってますよ。それは麻酔薬です。普通使ったら後ろに手が回りますよ。よく薬局から盗んで転売してますけどね。あれ麻薬だからですよ。しかし麻薬がなければ手術もできない。

ですから菩提心を持つというのは、煩悩の中にいながら、その煩悩の正体を自覚することなんですね。そこに、オンアビラウンケンがあるんですよ。この御真言がないと、われわれいつまでも煩悩に悩みながら、しかもそれに気がつかない。

三毒の煩悩とか五蘊盛苦《ごうんじょうく》といい、肉体自体が悪の巣窟のように言うが、五官がなければ生きていけない、たとえば手を切ったりすると血が流れ痛い、痛くてしょうがないですよね。火傷すると熱い、痛いから注意する。だからこういうふうに一見毒とか悪とか悪いというふうに言われてるものでも、それは使い方によってはものすごい良い働きをする。それを見極める智慧ですよね。一面だけでなく全体を平等に見る。だからその仏様の智慧の目から見れば、煩悩というものを一概に毛嫌いするものじゃない。煩悩は本当に自分の一部であるし、また自分の本来の清浄心が変形した姿である、このことを知ったなら深く懺悔しなければならない。そのことによって煩悩を通してわれわれは菩提というか、迷いを通して悟りにわれわれは行き着くことができるわけです。いろんな法門ありますけど、密教の場合はやはり煩悩ということを本当の意味で活かす教えですよ。しかし、その前提には、自らの誤った行為に対し深く懺悔しなければなりません。だから密教では大欲なんて表現があります。大きな欲。あんた達のは自分の幸せだけ考える小欲だと、世間的なね。あまり小さい欲を言うのはよしなさいと。どうせ欲を持つなら一切衆生が悟りを開く欲を持ちなさいと。個人的に悟りを開くなんて小さい小さいと。密教ではそういうふうに表現する。なかなかスケールが大きいですよ。ちょっと六大の話しから拡がっちゃったけど。他になにかもう一つ質問ありますか。

バラモン

質問　今、原始仏典の『スッタニパータ』を読んでるんですけど、よくバラモンという言葉が出てきますし、『観音経』にも婆羅門とある。これは仏教とはまた別なのですか。

隆深　うん、バラモンというのはお釈迦様の当時からあったインド古来の宗教なんです。バラモン教といってね。まあバラモン教という言い方もあるけど普通バラモンというと階級の名前なんですよ。いわゆるカーストからいくとね。いわゆる修行者、その指導者ですね。バラモン教の指導者です。両方の意味あると思うんですね。で、お釈迦様の頃から今だってバラモン階級ってある。要するにインドカースト制度のいちばん上の位、僧侶や学者、指導者なんですね。お釈迦様は、生まれながら宿命的に社会階級が決まっているというカースト制度を否定したんです。

『スッタニパータ』では、お釈迦様は、人間の価値は生まれによって決まっているのではなく、その行為、行ないによって、賤しい人にもなるし、バラモンにもなるのだと言ってますね（一四二経）。

『観音経』では観音様が三十三の姿になって、あらゆる衆生を救うという段（普門示現）に、バラモンに生まれることによって救われるという人のためには、観音様はバラモンの姿を現して済度するということが説かれている。

観想の仕方

質問　身口意の三密の中の意密について、先月の例会のとき先生ここでちょっと話されたし、京都の講習会でも話されたんですけど、意密は結局観仏であると、観想ということですが、姿なき大日如来を観想してても雑念が入ってきます。そのときは…。

隆深　いや、意密が即われわれの観想じゃないんですね。意密というのは仏様の行為です。それに対しわれわれの行為は意業です。自心の働き、迷いの業です。この意業に対して仏様がそれを救おうと、意密という形で加持するわけです。われわれが行ずる観仏とちょっとまた意味が違う気がします。

質問　そのときに、真言を念誦しながら観想するとき、どうしても雑念が入りますから雑念を排除する為には、仏のお姿やら印やら或いは月輪観《がちりんかん》であったり阿字観であったり、そういうのを次から次と対象を変えていって観想しても良いわけですか。

隆深　観想の仕方はいろいろあるから、各自が自分にふさわしい観想をすればよい。だけど私としては、やっぱり本願というのね、その仏様の祈り本願、本誓を観想したら良いと思うんです。この仏様はどういう願い祈りを持ってわれわれに応じているのか、それを観想して御真言を誦《とな》える方が僕は無理なく入れる。その観想がもう真言念誦に顕れるわけですから。真言そのものが仏様の本願を表してます。だから真言を誦《とな》えると同時に仏が真言となって私と一緒に念誦していると観る。例えば病者を加持するときは先ず大日如来の真言を誦えます。普通加持する時は、必ず大日如来の御真言を誦《とな》えますが、病者の平癒を祈る時は薬師如来の誓願が大日如来を通して働いております。また薬師如来の真言は、即薬師如来の誓願ですからね、病の者を救おうという。だから真言そのものが仏様の祈念なんです、現に加持力を以って働いてる、これが意密です。まあ観想までいくかどうか分からんけど、僕はそういう気持ちでオンコロコロセンダリマトウギソワカ（薬師如来真言）と、こう念じております。通常のお加持の場合は大日如来のオンアビラウンケンでいきますけど、緊急の場合とか大きい病の場合は、大日如来様の真言を誦えながら、薬師如来様の大きな誓願も念じています。僕はあんまり他の観想をしたことないからそれらを言う資格はないけど、われわれの先輩の残していったものとしてはたくさんありますよ、有名なものとして、阿字観とか月輪観、五相成身観《ごそうじょうじんかん》、その他にもあるかも分かんないけど、今、思い付くのはそのくらい。

質問　今、私思うんですけども、一年ぐらい前からのときに、この正念誦の観想の中で「宇宙一切は六大」、このくだりが一番大好きなものですから、座ったときに、なんかイライラしたり、或いはよくないときにこれを五回でも十回でもずうっと念じるわけですね。

隆深　あの言葉は隆弘先生が自分の体験で表した観想（※）なんです。だからわれわれはあれを基本にするわけですけどね。

質問　じゃ、あれを五回でも十回でも、私が気分が落ち着いたり、或いはスーッとなんにも分かんなくなるほど仏と一体のなれるとは言えませんけれども、ある程度無心で座れる状態になれるまで、それが五回でも十回でもこうしてだんだんだんだんに落ち着いていくという方法でも間違いではなかった…。

隆深　間違いというより、それが隆弘先生が御自分の体験から表現した方法ですからね。今までの観想というのは已達《いだつ》の僧侶方でなければできないものが多く、たくさんの観想が続きますが下根の私はついていけなかった。たとえば道場観には「虚空ノ中ニ有リ二[illegible]字一成ル二如意寶珠一ト放ツ二五色ノ光ヲ一光ノ中ニ有リ二[illegible]ノ字一…」というふうな、観念の連想みたいで、このような観想はインド人特有の習性かもしれません。それは三昧に入る一つの方便なのでしょう。阿字変じて何とかとなるというのもね、そこを表現するまでにはものすごい体験があって、その阿闍梨さんにとってはそれを思い出すだけでパッと分かる、それには体験に裏付けられた一つの筋道があるんだけど、その筋道を知らないで、ただわれわれがその表面上の観想の言葉だけ諳《そら》んじたってピンとこないですよ。やっぱり隆弘先生はそういうんじゃ駄目だっていうんで、今まで通りの観想だと坊さんだってわかんないんだから、一般の人には分かるわけない。やっぱり自分が納得する観想でなければならない。それが正念誦の観想なんです。だからこの『真言念誦行次第』が他の次第と異なる点は、隆弘先生が御自身の体験から表現した正念誦の観想の文と、最後の散念誦の「大日如来の大悲より諸尊は湧出したまえり…」の部分です。あとは昔からある通りなんです。

質問　ですからこの中でここが一番のところなんだろうなあと思うと、そうするとこの密門会のお世話になってから十数年経ってきて、去年あたりフッと思ったとき、これぱっかり集中するようになったんです。

隆深　またそれを、今言った「我も六大なり」って、これを象徴したのがオンアビラウンケンなんです。だからオンアビラウンケンを誦えると同時に正念誦を思い出す。

正念誦をちゃんと毎日やってれば、いちいち意識しなくても、オンアビラウンケンの中身というのはそこから出てるってことが分かります。加持力を具した真言は我々を済度する生きた働きをするので、呪文にならない。念ずるとどうして救われるかその意味、道理がないのが呪文です。なんか訳の分からん言葉を繰り返して唱えてる、なにやってるかちっとも分かんないというのはただの呪文ですよ。真言はそうじゃない。オンアビラウンケンの内容ですね、正念誦は人によってそれはいろんな観想あると思います。これでなければいけないということはないと僕は思う。少なくともその人が本当に体験をして、自分はこういうふうに観想すると確かに心が落ち着くと。仏様と自分が一つものである、離れないと。体験にもとづいた観想ならいくらあったてかまわないと思う。自分も実感できないようなことを、次第通り形式的に称えるんでは、虚しいでしょうね。ただ今まで通りのわれわれの坊さんの観想というのはまあ道場観とか意味するところを汲んでやれば理解できる。だけど言葉の表現方法からいったら、ちょっとついていけないのがいっぱいある。そういう意味では、この隆弘先生の正念誦の観想が僕は一番わかりやすい。「宇宙一切は六大、我も六大」なんですよ。仏様と自分は違わないということ。だからこれもやっぱり意密だと思うんですよ。言うなら仏様の心の働きですよ。我らがどんなに煩悩に浄されていても仏様はすでに我々を信じて救済の行動を起こされているのです。

質問　それをやってますと、外でなにかあったり、もめごとがあったりして自分で悩んだり、まあ私なんか滅多にそういうことないんですけども、仮にそういうことがあったときに、時間かまわずフッとこう座ってそれを思い出したりして、或いは仏壇の前でもそこのところをジーッと五回でも十回でも読んでるうちに、ああ、なんだ、っていうような感じになってくる、今まで悩んできたのが外でトラブルがあったのが、なんかほんと楽になるということが何回かありました。

隆深　われわれやっぱりおたがいの我《が》の衝突の世界で生きてますからね、娑婆世界ですから。だから「宇宙一切は六大なり」と言われたら、あまりにもスケールが大きいんでね、なんかわれわれが普段、喧嘩したり悩んだりしてることがみすぼらしいというか、小ちゃいことでね、クヨクヨして喜んだり悲しんだりしてる。この正念誦の観想の文をとなえると、逆に映し出されますよね。こういう大きな心の世界があるんだということ。この様な自分でも仏様に等しいと、仏様から勿体ない言葉をいただいている。だから三密というけれど真言誦えるとき自然に私達は手を合わせてるんですね。

それから仏様のほうを向いて五体投地までいかなくてもやっぱり敬虔な気持ちで礼拝しますよ。三密できなくとも一密だけで良いという人もおります。まあ理屈はそうかも分からんけど、一密だけってことありませんよ。必ずみんな三密に加持されてます。それから意密、語密、身密、これ一体にならなきゃならんというふうにあんまり考える必要ないと思う。もともと一体の働きです。一つ、拝む時の姿勢でも手を合わすだけで気持ちも落ち着くし、自然に真言も出てくるから、これはみんな同時だと思いますよ。

もう一つ、さっき成仏の話したけど、まず自分の現状に不平不満を持たない心境だということ。今、生きてることに感謝できる、これは僕は仏心の現われだと思う、仏様の心だと思います。だからなにもオーラを発してるような全知全能の如来様になるんじゃなくても、少なくとも現在ただ今自分の日常生活において安心を得るというかね、不平を言わない。それ感謝して有り難うございますという心境が生まれてくるということは、仏心が生まれてきた証拠だと思う。そこから始まりますよ。またそこにいつも帰ることができる。どんなクシャクシャするようなことがあってもね。

（おわり）

平成十四年五月十二日　於　西宮布教所

正念誦中の観想（織田隆弘師の観想）

※　宇宙一切は六大、我も六大なり
六大一実の体は大日如来なり
六大無碍の生命一杯なり
五智の覚体は無限の大悲なり
如来大悲の我に入り、我大悲に包まる
有難し有難し

散念誦の観想

大日如来の大悲より
諸尊は湧出したまえり
観世音菩薩は我が宿業に相応して
苦厄を消し福徳を授けたまう
諸願皆菩提の善縁となしたもう

（『真言念誦行次第』密門会刊）

「法」と「自分」をよりどころにせよ

涅槃会《ねはんえ》は何月何日かといっても、よく知られていませんが、セント・バレンタインデーの次の日と覚えておけばいいですね（笑）。われわれ仏教徒は四月八日の降誕会、十二月八日の成道会《じょうどうえ》、そして今日の涅槃会は常識として知っておいてほしいと思います。

ここに掲げているのは「涅槃図」といって、お釈迦様の最期の様子を描いたものです。昔その前で坊さんが絵解きで説法したものです。大きいものですと本堂の天井から下げてもひきずるので、さらに床から「くの字」に折り曲げて掛けるような大きな涅槃図もあります。

ごらんのように、ここにはお弟子さんたちだけでなく、動物、ヘビとか昆虫、そして鬼神の類までが、お釈迦様との別れを悲しんで集まってきています。これを「神よ、我を見捨てたもうか…」と磔《はりつけ》にされて亡くなったキリストの最期と比べてみると、仏教とキリスト教との教えの違いがよく出ています。

真言宗では、戒名の上に阿字《あじ》（𑖀）を書きます。阿字本不生《ほんぷしょう》の世界。生まれる以前の世界、不生の世界、つまり悟りの世界、お浄土です。「死ぬ」とは、もともとの世界に「帰る」ということです。まっすぐにその世界に帰る人もいれば、仏縁の薄い人は遠まわりに六道輪廻してから帰る人もいます。たとえ輪廻して、餓鬼、畜生になっていようが、仏の教えに親しんでいるなら死ぬ時が来たら死ぬ、というあたりまえの真実を知れば目が覚めるのです。最終的には仏の浄土に生まれるのです。

お釈迦様の死を、神々はもちろん人間、動物、一切衆生が集まって悲しんでいます。

仏教は、キリスト教のように人間だけを特別あつかいにしません。生きているものはすべて死ぬからです。一神教では、人間だけに魂があるというが、神の名の下に戦争をし虐殺し、人種差別をしてきたのです。世界宗教とよばれるものはいろいろあるが、仏教にまさる平和宗教はありません。塩野七生さんがローマ史について書かれましたが、キリスト教には争いの要素があると言っています。キリスト教を国教にしてからローマ帝国は衰亡していった。ローマ人は異民族も宗教も平等に扱った。だから長く続いたというのです。共存共栄です。

われわれが迷っている姿を教えてくれるのが仏教です。「法（真実の教え）」が無ければ、迷っていること自体分かりません。仏の教えに照らされて我が身を知るのです。

お釈迦様は最期に「自分は古い壊れた車がやっと皮ヒモでもっているようになった。生あるものは必ず死ぬ」と説きました。そして、因縁・諸行無常という「法」を信じ、自分自身をよりどころにしなさいと教えました。これが自灯明・法灯明という教えです。

「法」に対して、それを信じる自分のことを「機」といいます。法は無限です。信じる自分（機）は有限で、時間空間に制約されています。同じ人間は二人といません。そんな個人がそれぞれ全宇宙につながっている。全宇宙の一部である。存在自体が法の中にあるのです。平等であり個性がある。私たち一人一人は、この世に一人しかいない尊い存在なのである。

お釈迦様が涅槃に入られて、仏教が消えて無くなったのではありません。法身仏《ほっしんぶつ》として大乗仏教に継続されていきました。初めの頃の仏教は、出家中心のエリートの羅漢さんたちの仏教でした。ところが、やがて維摩居士《ゆいまこじ》や勝鬘夫人《しょうまんぶにん》に象徴されるように、在家が参加、活躍できる大乗仏教が生れてきます。

密教の法身仏は、観念的抽象的な存在ではなく、具体的で血が通っています。密教では「即身成仏」といいます。「即心」ではないことに注意してください。禅宗では「即心是仏」などといいますが、密教は「身」です。思いどおりに行かない有限の体を通して仏を感じる。身体は単に煩悩の巣窟ではありません。

真言をとなえるのが密教の行です。真言は慈悲と智慧の仏さまの祈りの言葉です。声を出してとなえた方がいいのです。念誦する声には「力」があります。たとえば本を読む場合でも、黙読よりは音読の方がよく内容を記憶できるといいます。それと同時に真言の響き自体に如来加持力が働いているのです。

いくら法が偉大でも、信じなければ法は生きてきません。御利益があったら信じる、というような条件のあるようなのは、信ではなく取り引きです。母が子を信じるように、教えそのものを無条件に素直に信じれば、道が開いてきます。そして仏教は自覚の教えです。仏教の主人公は仏さまではなく「自分自身」です。「自分」とはどういうものかを知るのが仏教なのです。

（平成十九年二月十五日）

第四章

真言について（１）

最近密教がオカルトブーム等によりマスコミに注目され、出版、テレビ界を賑わしているが、その取り上げ方は、空海の云わんとした転迷開悟の実践道とは全く関係ない、興味本位の枝葉末節的密教の切り売りや、ひどい場合は真言密教と関係ない幻術や、売薬の能書を密教用語で宣伝しているものさえある。密教は、全てのものゝ価値を認め、下は地獄から上は仏界迄平等に摂取する包容性を持っているが、昨今の密教ブームは、空海の御苦心された即身成仏の教えから益々遠ざかり、どこに真言宗の眼目があるのかわからなくなり、本尊大日如来すら縁遠くなって、似て非なるものが密教とされている現状である。我等真言密教に生きんとする者は、空海の立教開宗の広大な御精神に帰らねばならない。

我が空海は、歴史上、不世出の天才であることは衆知の事実である。密教は勿論のこと、その他、教育、土木、書画、医学、文学等の面でも卓越していた。各地に伝わる大師伝説はそのいゝ例である。天才と云われる人はその才能があまりにも優れている為、神格化され、本人の内面の世界すら生まれてから死ぬ迄、全て天賦の才能を持った偉人として完全無欠な何ら苦労なく、挫折のない順調な一生にされてしまう。空海の一生を見ても、伝説抜きの事実だけでも、かなり劇的である。『大日経』の感得や、遣唐船に不思議にも乗り合せ、難破しながらも奇跡的に漂着し、長安に着いては、余命幾許もない恵果阿闍梨に遇った。恵果は、印度より個々に伝来した胎蔵界系と金剛界系の両部の密教を初めて授持した方であるが、他の高足をさしおいて、初対面の、しかも未開国から来た無名の空海に全てを授け了って、入滅されたのである。二十年の長期留学生だったが、足かけ三年、学んだのは正味一年で、丁度皇帝が崩御し、その弔問の遣唐使がしたてられた。その便船で帰国できた。この便船以後三十数年遣唐船は出なかった。又持ち帰った密教経典や法具、曼荼羅等の図像も唐で恵果や友人の助力で短期間にしては充分すぎる程網羅されたものだった。それは彼が沢山の金を持参したから、あれだけのものが買えたと云う人がいるが、それは信心の世界を知らないからである。未開の東夷から命がけで求法に来た僧に感動した恵果や般若三蔵等多くの友人は喜んで経典、法具等を贈ったのである。帰国後も、最澄のように南都と争うことに精力を使わず、むしろ全てをのみこんで自然に密教の中に導き入れ、それぞれの立場を尊重しつゝ、八万四千の法門は皆密教を所依としていることを教えていった。又教育面でも綜芸種智院《しゅげいしゅちいん》と云う庶民の為の学校を造った。土木事業でも満濃の池や大寺の建設や井戸を掘ったり、多方面に渡り衆生済度の為に働いた。これらを見ると、やはり弥勒菩薩の化身かと思われる程の天才ぶりである。外面上その一生はあまり苦労せず、無駄なく順風満帆のようだが、内面では、我々の想像つかない程御苦労されたに違いない。

空海は若い頃のことについてあまり書き遺していない。僅かに『三教指帰《さんごうしいき》』や『御遺告《ごゆいごう》』等に断片的に見られる程度である。空海にとって、密教に出会う迄の難行苦行と内面の葛藤、宿業に苦しむ自己については、自分だけが心に収め静かに懺悔するべきもので、人に向って誇らし気に自分の迷いの体験など話す気にはなれなかったのであろう。少しばかり修行した者程、俺は何々の荒行を何度修したと自慢する。行をしただけで満足している。逆にことさら自己卑下し、我は罪人ですと恥し気もなく人前で告白する人もいる。空海にとって、いかに命を賭した苦行でも、悟らぬ以上、尊い行とは云え、徒にもがき苦しむ己の七転八倒の姿にしか見なかった。後に若い頃の修行を弟子にさせなかったことから見ても、いかにしたら難行苦行しないでも、老若男女の区別なく、三劫《さんごう》成仏でなく、現生に、この身が平等に救われる大道がないかと、我等に代って御苦心されたのである。密教に於て行とは、自利利他円満の三密行である。つまり、上求菩提《じょうぐぼだい》と下化衆生《げけしゅじょう》が一致することである。個人的救いが即衆生救済になる「遊証の平路、還寂の大道」であり、仏と衆生の感応道交の道である。自分の小さな功徳力で三業を三密に変えるのではなく、自身の三業の如実の相を、仏智に照らされる時、三業のまゝで三密加持の仏業を我が身に感ずるのである。つまり、宿業に直面する時、如来の無間の業用《ごうゆう》が無始より働いていることを知らされるのである。如来の業用とは一切衆生を救わんとする大行である。如来の大行に我が小行が帰するのである。

自力と他力について、聖道門、浄土門が各誤解をしているようである。自力、他力は、自利利他のことで、中国の曇鸞《どんらん》大師が俗語である自力他力を用いて自利利他をわかり易く説いたのである。本来不二のものであり、自力と他力と対立するものでない。故に絶対他力という表現を浄土教では使い、自力に対する他力と区別している。彼等が云う自力無効とは、自分の計《はから》い、つまり自分の力を頼んで成仏するという執着心の否定であり、菩提心を捨てることではない。聖道門の方では、浄土門を自分の精進努力すらしないで、棚ボタ式に如来の慈悲にすがるのは虫がよすぎると誤解するが、自力無効に至る迄の道は並たいていなことではない。極難信の道である。「行き易くして、人無し」とある様に、易行道《いぎょうどう》であるが難信道である。密教で三力功徳のことをよく云うが、「以我功徳力、如来加持力、及以法界力」とあたかも成仏の条件として、三つの力が合して成就するように云われ、仏様の加持力や法界力だけでは駄目で、やはり自分の行の力と相俟って始めて成仏すと。確かにそうであろうが、仏を求める衆生とそれを救う仏と、両者が依所としている法界力によることは、聖道門のみならず浄土門も同じである。これは、我と如来と感応道交する状態を、義によって三方面から表現したものである。密教では、三密とか、五智、四種曼荼羅等、種々の用語があるが、仏教の立つ場所は一如の世界であり、それは不可得のものであって、究極的に教理とか教義というものでわかるものでない。元々不二の真如を義によって我等が了解し易くする為、諸仏が慈悲心より多方面から具体的に教えを展開してきたものであり、その根源に眼を向けねばならない。

（2）

以我功徳力の「我」は、個人的な私のことではない。若し個人的我と如来加持力と法界力が相俟って成仏するなら、如来加持力は相対的なもので絶対でなくなってしまう。

我には個人的我と無我つまり広大無辺な大我（仏）がある。この場合は、個人的な我でなく、自己の本流に流れる大我で仏に等しい覚性である。如来が我を救わんがため（広大無辺、色も形もない不可得なる真知〝仏〟が）宿業を背負った我に成り代り、我を救い給うのである。大日如来が人間の姿に立った。それは金剛薩埵である。

この功徳力というのも

いわく如来の無量阿僧祇劫《あそうぎこう》に積集せるところの功徳をもって、しかも遍一切処の普門の加持を作したもう

『大日経疏』巻七

とあるように、如来が已《すで》に無量百千倶胝那庾多劫《くていなゆたこう》の昔に衆生に代って修行して積集された功徳である。

我が心中の奥底から呼ぶ仏の声がこの三力である。三力とて、つきつめれば真言に収まる。体相用《たいそうゆう》で言えば法界力が体、加持力が用、功徳力が相であろう。逆に言えば、いかに因縁を超越した自然法爾の法だろうと、この宿業によりて肉身を持っている我を救う力がなければ、幻の様な観仏三昧にすぎない。

目に見えぬ仏智は我の機の相を判然と知らせてくれる。仏の我を救う本誓が現生の煩悩に苦しんでいる肉身を持った我の機の上に事実の光として輝く。法は我身を通して無限に本有の満徳を表現しようとする。無形のものが有形のものとして自覚を通して顕われる。単に迷いから救われるという消極的なことではない。自身の内面の世界に無尽の功徳があることを法は教えてくれる。此に、業を持った有限な我であるが、その内面の世界で、広大無辺な法界に連なっていることを知らされる。

我即仏と言わないまでも、仏に等しい自分である。仏とて凡夫に対した仮名で、本来一如であれば能所の区別はない。もったいなくも大日如来が金剛薩埵に成って下さることではないかと思う。

能持の我が身も不可得なるが故に所持の正法も不可得なるが故に。（略）能もなく所もなく内もなく外もなし。不可得なるが故に。能持、所持これ有ることなしといえども正法宛然《えんねん》たり。（略）

動なるを生死と名づけ、静なるを涅槃と名づく。迷えるものを衆生と名づけ、悟れるものを諸仏と名づく。

空海「念持真言理観啓白文」

とあるように、義の世界では仏と我は判然と区別されるが、体では一である。故に仏によって照らされた我は、また仏を証明する。

我とは普遍（空間）、永遠（時間）の法が具体的に証明される一点（場所）であり、一瞬間（時間）である。数十年の命もつきつめれば一息である。八万四千の法門もつきつめれば一声の真言である。永遠普遍と言ったところで、肉身を持った我を通さねば分からない。有限な我に於て無限を自覚する。つまり自分の救いを通して如来の曠劫の仏業の恩に気づき懺悔感謝せずにはいられないのである。

観念の幻の如き仏でなく、具体的な血の通った我が業身に、具体的な血の通った仏の業用、つまり加持力である同体大悲を実感するのである。

「即身成仏」の身とは観仏三昧や、仏の恩寵に酔いしれるありがた屋的浮かれた信心ではなく、あくまでも冷静に醒めた眼で厳粛に自身を如実に自覚し、また自覚せしめて下さる法に深く懺悔感謝させる所の重大な一点である。

空海が、何故「即心成仏」とせず「即身成仏」と言われたか。この身の一字に真言密教の一大眼目が蔵されている。俗に入定信仰があるので、即身成仏をあたかも仏像の如く坐して空に入る姿を連想するが、それは一つの象徴であり、固定して考えることはないと思う。

心口意三密というが、心だけの成仏もなければ、身だけの成仏もない。即身とは我《われ》の全体である。心が解放されゝば身も軽くなる。身が悦《よろこ》べば自然感謝の真言が出てくる。

いつでもどこでも誰でも真言を誦し、真言の内容が我らを助けんと曠劫の昔に修行し、その功徳を真言に収めて休むことなく働いて我を呼んでいる（真言を集積修行真実諦語ともいう）仏そのものであることをよく〳〵思惟《しゆい》するなら、即身に仏の大慈悲たる加持力を感ずる筈である。

真言は不思議なり、観誦すれば無明を除く、一字に千理を含み、即身に法如を証す。　「般若心経秘鍵」

真言は救世者《ぐせしゃ》なりで、真言のいわれをよく知らなくとも、無心に信じて誦すだけでも心が安まるが、真言が何故生れたか、その真言の依ってくるいわれを深く遡《さかのぼ》って観ずれば、より判然と自覚を以て誦することができる。

そうすれば、即身に我が仏に等しい身であることを知る。

〝観誦《かんじゅ》〟というところに注目しなければならないと思う。真言を称えるのは密教以外の宗教でも称えるが、彼等の多くは呪文にすぎない。

今此真言門のみ独り秘密を成ずる所以は、真実の義を以って、加持する所なればなり。若したゞ口に真言を誦じて、その義を思惟《しゆい》せずば、たゞ世間の義利を成す可し。豈《あ》に金剛の体性を成ずることを得んや。故に偈に「最勝の真実の声の真言と真言の相とを、行者諦かに思惟せば、当に不壊の句を得べし」と云う。

『大日経疏』巻七

観誦の観は義、つまり、真言のもつ深い意味を静かに観察することである。誦は具体的に真言を誦することで、一心に如来の大行を信じることである。真言念誦の実践行をすると共に、真言の汲んでも尽きぬ無限の法蔵を静かに思惟していかねばならぬ。このことを事相、教相という。己の苦悩の救済に何ら関係もない、また、力もない形骸化した事相や教相は、もはや必要ないのである。

(3)

空海は真言密教が何故生れたかを『弁顕密二教論』に『六波羅蜜経』を引用して、仏法には五つの門があると説く。

閑寂な山林に住み静慮を修せんと願うものには素怛纜《そたらん》蔵（経典中心）を説き、戒律を守り僧侶集団に生きん者には毗奈耶《びなや》蔵（律蔵）を説き、真理を分析し問答したり理論的に究明しようとする者には阿毗達磨《あびだつま》蔵（論蔵）を説く。大乗真実の智恵を習って我法執著の分別を離れんとするものには般若波羅蜜多蔵（大乗教）を説く。

以上四門は皆出家僧中心にして始めてできる道である。世俗の仕事を一切離れ仏道に専修できるいわばプロ僧の為の法門である。このいずれの道も歩めぬ大衆の為に道は無いのか、ここに密教の出現がある。

もしかの有情《うじょう》・契経《かいきょう》・調伏・対法・般若を受持すること能わず、或はまた有情ありて、諸の悪業たる四重・八重・五無間罪《むげんざい》・謗方等経・一闡提《いっせんだい》等の種々の重罪を造れるを銷滅することを得せしめ、速疾《そくしつ》に解脱し頓悟涅槃すべきには、しかも彼の為にもろ〳〵の陀羅尼蔵を説く。此の五法蔵は譬えば乳《にゅう》・酪《らく》・生蘇《しょうそ》・熟蘇および妙醍醐《だいご》の如し。（略）醍醐の味は乳・酪・蘇の中に微妙第一にして、よく諸病を除き、もろ〳〵の有情をして身心安楽ならしむ。総持門は契経等の中に最も第一たり。よく重罪を除き、もろ〳〵の衆生をして生死を解脱し速《すみやか》に涅槃安楽の法身を証せしむ。

法然も以上の文を『選択集』に引き、更に続けて

此中に五無間罪とはこれ五逆罪なり。即ち醍醐の妙薬にあらずば五無間の病甚だこれ療し難し。念仏もまた然かなり。往生教の中には念仏三昧これ総持の如く、また醍醐の如し。若し念仏三昧、醍醐の薬にあらずば、五逆深重の病は甚だこれ治し難し。」

と説き、念仏門も真言門に共通する内容を持っていることがわかる。

五逆誹謗正法は何も特殊な人間のことを云っているのではない。自己の内面の世界を静慮する時、誰もが出合う煩悩熾盛《しじょう》の自心ではないか。仏が絶えず我《われ》の苦しむ様を見て助けんとしているのに、世俗の名利を求め愛欲に溺れている。これ無意識に正法を無視誹謗しているではないか。仏法を修せず五戒すら守れぬものを一闡提《いっせんだい》というなら他人事でないこの自分のことである。この火宅の様子を空海は著書に克明に記している。『三教指帰《さんごうしいき》』の蛭牙《しつが》公子について

狼心佷戻《こんれい》にして教誘に纏《まつ》われず、虎性暴悪に礼儀に羇《つな》がれず、博戯を業とし、鷹犬を事とす。遊侠にして頼もしげなく、奢慢《しゃまん》にして餘《あまり》あり、因果を信ぜず、罪福を諾《うべな》わず。酔うまで飲み、飽くまで飡《くろ》うて、色を嗜《たしな》み、寝に沈めり。

又『秘蔵宝鑰』には

三界の狂人は狂せることを知らず。四生《ししょう》の盲者は盲なることを識《さと》らず。生れ〳〵生れて生の始めに暗く、死に〳〵死に死んで死の終りに冥《くら》し。空華眼《め》を眩《めぐるめ》かし、亀毛情《こころ》を迷わして、実我に謬著《みょうぢゃく》し、酔心封執す。渇鹿《かつろく》・野馬《やば》・塵郷に奔《はし》り・狂象・跳猨《ちょうえん》、識都に蕩《とらか》るがごときに至っては、遂使《ついん》じて十悪心に快うして日夜に作り、六度耳に逆《さかろ》うて心に入れず、人を謗し法を謗して焼種の辜《つみ》を顧みず、酒に耽り色に耽って、誰か後身の報を覚らん。閻魔・獄卒は獄を構えて罪を断わり、餓鬼・禽獣は口を焔《もや》して体に拄《か》く。三界に輪廻し四生に跉跰《りょうびょう》す。

又『教王経開題』に

それ生は我が願いにあらざれども、無明の父、我を生ず。死は我が欲するにあらざれども、因業の鬼、我を殺す。生はこれ楽にあらず。衆苦の聚《あつま》るところなり。死もまた喜にあらず、諸憂たちまち逼《せま》る。生は昨日の如くなれども、霜鬢《そうびん》たちまち催す。強壮は今朝、病死は明夕なり。いたずらに秋葉の風を待つの命を恃んで、むなしく朝露の日を催すの形を養う。この身の脆《もろ》きこと泡沫の如く、吾が命の仮なること夢幻の如し。無常の風たちまちに扇《あお》げば、四大瓦の如くに解け、閻魔の使たちまちに来る時は、六親誰をか馮《たの》まん。朝な朝な、夜な夜なに、衣食の奴に労し、年年月月に恩愛の縄に繋がる。心肝は父に離れ母に離るるの哭《こく》に爛《ただ》れ、涕涙《ているい》は偶を喪《うしな》い子を喪うの悲に溢《あふ》る。地獄の猛炎は殺生の業より発《おこ》り、餓鬼の醜形は慳貪《けんどん》の罪より生ず。ここに死し、かしこに生じ、生死の獄出でがたく、人となり、鬼となって、病苦の怨、招きやすし。悲しい哉〳〵三界の子、苦しい哉〳〵六道の客。善知識善誘の力、大導師大悲の功にあらざるよりは、何んぞよく流転《るてん》の業輪を破って、常住の仏果に登らん。

又他に『十住心論』の第一住心異生羝羊心《いしょうていようしん》の三毒に苦しむ地獄の実相の描写に至っては、読むに耐えられない程生々しく迫ってくる。

空海の青年時代の記録がほとんど無いので、歴史上七年の空白時代とされているが、これらの文を静かに読んでいくと、これこそ青年空海の内面の世界の記録ではないかと思う。そう見ればむしろ多すぎる程記録が残されている。一般常識上、空海は希に見る大天才で凡夫の及びのつかぬ果上の法門に居し、我が道を独り行った人のように見られている。しかし、三毒の煩悩に苦しむ赤裸々な救いようのない凡夫の姿が詳細に述べられていることから、これは空海自身が実際に共感しなければ書けない内容である。高所に立ち群盲を見下している態度ではない。寧ろその内容は他人事でない。空海自らの偽らざる如実の心相であったろう。だからこそ我々に他人事でない、自分の事を云っているのだと迫ってくるのである。ここには天才空海の姿はもはやない。宿業、煩悩に苦しむ一凡夫である。

しかし空海は我らが悩むより、もっともっと深く煩悩に苦しみ、宿業に悲しまれた。徹底して地獄の底迄行かれた。天才と云えば科学者や芸術家のような上へ上へと凡人が追いつけない無人の境地へ行く人を云うが、宗教者としての天才空海は寧ろ、下へ下へと自心を深く掘り下げ、自心の暗黒面を凝視し、我等より数倍も自ら背負った宿業に慄然とし、悲しまれたに違いない。この経験なくしては密教が誰の為に説かれているのかわからないのである。

（4）

空海の著作に於て必らず仏法に縁のない衆生が出てくる。前述した、『三教指帰《さんごうしいき》』の蛭牙公子《しつがこうし》、『秘蔵宝鑰《やく》』、『十住心論』の第一異生羝羊住心、其他どの著作を見ても迷いに沈む凡夫の描写がある。以下第二住心、第三住心或いは儒教、道教、小乗、大乗と教えも深まって行き、最後に密教を説き万教が帰一する最高の密教へ導いていく形式をとっている。この見方に立てば第一住心の凡夫というのは漸々に進む教えの過程のイントロ（導入部）に過ぎぬ様に従来見られ、あまり重視されていなかった。しかし、この縁なき衆生が救われる教えこそ空海が最も重視した不二の教えである。前出の四つの法門では救われぬという内心の地獄の相の自覚に於いて、苦海も天界も仏界も平等に照らし給う円明の仏智と、常に我等を救わんとして我が業に無始の昔より働いて下さる仏の業用《ごうゆう》（加持力）に出会うのである。最低の地獄に於いて無上の法に遭ったのである。実際、成仏に縁の無い五逆誹謗正法の一闡提《いっせんだい》を救う力を持った法でなければ真の意味での不二の法門でないというのが空海の一貫して求めた教えである（ここで云う一闡提とは我が身を顧て全く解脱する方法・資格が無いという自覚である）。菩薩の誓願の根底を為す所の此世に一人でも成仏できない者がいる限り我は成仏しないという信念が本当に成就する為には、単なる理想でなく実際に一闡提を救う力（証）を持った教えでなければならぬ。十住心論を見ると難解な中観・唯識・法華・華厳教学よりも更に上に行くのが密教であると説かれているので、非力の我等には縁遠いむつかしい摩訶不思議な教えで、所謂秘密の仏教になってしまい、せいぜいくずれた型の諸尊信仰や大師信仰に細々生きるしかない現状である。

しかし、陀羅尼門《だらにもん》（密教）が他の四つの法門で救われぬ多くの者の為に説かれたことを深く再考するなら、徒になげき悲しむことはない。寧ろ縁無き衆生を救う為に出現した密教であれば、密教こそ我等が為の教えであると益益自信を持つべきである。上品《じょうぼん》の者は業苦にあまり障げられぬから教えを頭で聞いて解脱できるだろうが、下品《げぼん》の凡夫は頭が悪いから難しい教義を聞いても、なか〳〵この業身が承知しない。業で苦しむから業を通して教えを聞く。煩悩・業が救いを求める。この業苦の叫びが如来に密教を開かせた。

恒常に六塵《ろくじん》煩悩に覆弊《ふくへい》せられて顕出するにあたわず。この故に仏、悲願を発したもう。我れ衆生を抜済してわれの如く異なることからしめんと。この誓願を垂れたもう。

『秘蔵記』

この第一異生羝羊心《いしょうていようしん》を救えば他の九住心が自然に救われる。密教以外の教えも衆生の煩悩に対応して数々の法門が展開されたが、今一つ徹底しない、どうしても救われないものが残る。この最後のどうしようもない業が密教を生んだ。密教はこの業を通して煩悩が生じる以前の不生の生を自覚せしめる。地によりて倒る者は地によりて立つ如く、三業に苦しむが故に三密の仏業をより有難く感ずる。これ知解《ちげ》でなく感応道交である。仏智は皆感応道交、業を如実に知るのも感応するからである。

常に金剛の三密の業用《ごうゆう》を以て三世に亙って自他の有情をして妙法の楽を受けしむ。

『瑜祇経《ゆぎきょう》』（二教論の引用）

とあるように、我等が常に三業に苦しむなら、仏も三密（仏業）を以って我身に成り給い我を救い給うのである。我等は善を好み悪を嫌い、悟りを求め煩悩を厭う。しかし、これ皆我が心である。

…薬を愛し、毒を悪《にく》むが如く、誰か知らん、病に体《かな》えば悉《ことごと》く薬なり、方に乖《そむ》けばならびに毒なることを（略）鈎挽野葛《こうめんやかつ》（毒草）も病に応ずれば妙薬なり。（略）もしよく明かに密号名字を察し、深く荘厳秘蔵を開く時は、即ち地獄・天堂、仏性・闡提、煩悩・菩提、生死・涅槃、辺邪・中正、空有、偏円、二乗・一乗、皆これ自心仏の名字なり。いづれをか捨ていづれをか取らん。

『十住心論序』

三毒五逆みなこれ仏の密号名字なり。もしよくこの意を得る時は即ち染浄に著せず、善悪に驚かず、五逆をなして、たちまちに真如に入り、大欲を起して、たちまちに法身を得

『梵網経開題』

菩薩未だ成仏せざる時は、菩提を以て、煩悩となし、菩薩の成仏する時は、煩悩を以て菩提となす。

『仁王般若経』

これらの文によると我等が普段毛嫌いしている業・煩悩こそ悟りの重要な契機であることを知らされる。煩悩を退治して清めていくのでなく、煩悩の実相をありのままに照らし給う如来に帰命するばかりである。

一切の色像のことごとく高台の明鏡の中に現ずるが如く、如来の心境もまたたかくの如し。円明の心境高く法界の頂に懸って寂にして一切を照して不倒不謬なり。

『即身成仏義』

仏には光が必要ない。闇黒の中に居る我等の為に必要なのである。我を如実に照らし給うが故に我が煩悩の地獄の相が如実に照らし出される。浅はかな我はこれは自分の実相でないと逃げ出し、自分で描いた理想を求める。しかし、煩悩具足の我が姿を恐れ嫌う必要はない。これがありのままの自分の姿であれば、これを照らし給う仏智に只々感謝するばかりである。弁解も、誤魔化しもきかぬ如実の相を如実知自心と云う。如実知自心とは、言い分けしないで、ありのままに自分を深く信じ知る自覚のことである。鏡に如実に写った我が身に慄然とするが、その時点に於て、もともと清浄な鏡だからこそ我が心相をそのまま写し出していることに気付くであろう。鏡が外にあるのでない、心そのまま鏡である。

像に即して是れ鏡なり、鏡に即して是れ像なりと。若《も》しかくの如く解する時は即ち諸法の実相を見て、心の自性は本より染汚なしと知る。此の鏡の如く心を以て、心の如く鏡を鑿みるが故に、心自ら心を見、心自ら心を知ると説く。智と鏡とは無二無別なり。

『大日経疏』巻九

密教は煩悩を畏れない。だからと云って徒に煩悩を肯定もしない。

（5）

一部には顕教は煩悩を否定するが密教は煩悩を積極的に認めると曲解する人もいるが、如実に知るということは、煩悩をありのままに認め、自分で全責任を負うことで、劣等感を持つことでも自暴自棄になることでもない。しかし自分ではなかなか平等に煩悩と菩提を観ることはできない。我々は常に劣等感か優越感でものを見てしまう。仏智平等の光に照らされて始めて己の真の姿を知らされる。空海は所有《あらゆる》ものを平等に観られた方である。下は凡夫から上は仏・菩薩迄、平等に対し傲慢もへつらいもなく一視同仁に教えを垂れた。よく空海は如才なく皇室に取り入ったり、南都の僧達とうまくやり真言宗を広めたと非難されるが、それは平等性智ということを知らぬからである。もし皇室に取り入ったのなら、天皇が命じて書かせた勅撰の論書『十住心論』で帝王の位置を第二愚童持斎住心という下から二番目の住心に平然と置く筈がない。日本の高僧には時の権力者とは一切関係を断ち、山に籠り、紫衣等を徹底してことわる反権力の潔癖な方が多くいるが、上下平等に対する空海のスケールの大きさは日本仏教では希有のことで、そのようなことはあり得ないと思っているのかも知れない。平等と差別は仏智に於て初めて一致する。世俗ではまっこうから対立する概念であるが、信心に於ては、地獄と極楽、凡夫と覚者の差別がそのまま平等の光に照らされ共に不生の生に帰り差別のままで平等、平等でいながら差別の分際があるのである。

煩悩即菩提、生死即涅槃と全く相反するものが一体であるとされるが、それは依り所としている世界が元々一であるからである。それは不生の生と云うあらゆる法が縁に依って生じてくる根源である。

心色異なりといえども、その性即ち同なり。色即ち心、心即ち色、無障無礙なり。（略）能所の二生ありといえども、すべて能所を絶せり。法爾の道理に何の造作かあらん。

『即身成仏義』

心は即ちこれ法なり。法は即ちこれ心なり。更にいずれの処にか住せん。心を離れて別に法ありといわば、即ち執を生ず。

『一切経開題』

悟りと云っても迷いと全く別のことを云うのではない。迷いの原因を深く自覚すること
とが悟りの道である。

もし人法二空を了し、心に取捨なければ、凡聖善悪一如なり。菩薩の本性は湛然常住にして、一切の妄想は本自不生なり。（中略）菩薩は自性によりて住し、妄想を降伏するのみ。菩薩は煩悩の本自不生を見る。境のきたり触るるによりて、ついに善悪の二心を起す。一切の顛倒・貪・瞋・癡はこれによりて生ず。『同』

これから見ると、苦を感ずる業の原理は同時にこの業による迷いをひるがえして悟りに到る自覚の原理である。即ち心は迷いの原理にもなるが、迷う心の原理自体を証する道理がこの悟りの原理である。悟りと云うも、迷いそれ自体を本当に心から懺悔し、不断に内観していくことである。迷いを除いて何が悟りであろう。真に迷いを知ること、迷った原因を証明することが悟りであろう。

迷悟己れにあり、執なくして到る。

『十住心論』序

それ仏法はるかにあらず。心中にして即ち近し。真如外にあらず。身を棄てていずくんか求めん。迷悟我に在れば発心すれば即ち到る。明暗他にあらざれば信修すればたちまちに証す。

『般若心経秘鍵』序

心というも個人的精神状態を考えると狭い感じがするが、よく〳〵心というものを己を虚しうして静慮する時、甚々の底知れぬ深さと計り知れぬ広さを知る。地獄から仏界迄、十界互具する十住心の世界や、何物にも碍《さまた》げられない自由自在の色も形もない無相の世界に連なっていることを知させる。

金剛主が如来に、悟りはどこに求めるのですかと尋ねたのに対し、

自心に菩提及び一切智々とを尋求すべし。何を以ての故に、本性清浄なるが故に、心は内に在らず、外に在らず、及び両中間にも、心は不可得なり。（中略）何を

以ての故に、虚空相の心は、諸の分別と無分別とを離れたり。所以は何《いかん》となれば、性、虚空に同なれば、即ち心に同なり。性、心に同なれば、即ち菩提に同なり。

『大日経』住心品

つまり、自心の内面に迷悟の解決を求めるのが密教徒の実践道であることを云っているのである。

個人的心は縁によって種々変化していくが、その諸心が生じる以前の広大な世界は仏心に等しい不生の世界である。心は内とも外とも限るものでない。仏と云えばどうしても仏像やマンダラの図像を先入観として連想するが、我が心底に連なる広大無辺な自然法爾の世界、色心不二の世界、六大無碍の世界を菩提とも真如とも云うのである。これは理論では実感できない。信心を通さねば、つまり自分の救いを求め心の深い所に仏を求め帰命する気持がなければ我心と仏が永久に一致しないのである。

業苦や迷いにしても、初めはどうしても自己中心の個人的苦悩にしか見ず、救いを求めても得られず依然として業に苦しみ、この世で自分独り悲しみ、寂しさに沈んでいるように思い込んでいるが、しかし、自分で煩悩を何とかしようと思い又、できると自信を持って種々の行をやっているうちはいいが、あらゆる行が全て無効となった時、より大きな、どうしようもない寂しさ、悲しさに襲われるのである。そこはもはや、個人の能力ではいかんともし難い、一切衆生、全人類共通の宿業の洪流渦巻く苦海である。

前者の私的苦悩に対し、後者は公的な個人を越えた全く救われる縁のない底知れぬ業苦の源である。一個人の苦を超えた全人的業苦の相とは、つまり如来の清浄な心に写った群盲の業に苦しむ無始以来の姿である。如来の無碍の智光に照らされた迷いの相である。しかし、この迷いに即して迷いを越えさせていただく仏の加持力があるからこそ、業苦を通して菩提を得ることができる。我が煩悩に苦しむが故に、煩悩を知らしめて下さる自覚の智恵により、煩悩の中に如来の救済力である三密加持力を証知するのである。

(6)

真言密教の根本義に「即事而真《そくじにしん》」という言葉がある、つまり事に即して真なりとは現実の具体的な事物・事象（事）を通して普遍的な真理（理）が見られるということで、現実に即して真実が現われているということである。つまり現実の煩悩を滅せずして、むしろ煩悩を直視することにより欲性を超越するというか、昇華することである。別の言葉でいえば「因縁を壊せずして法界に入る」（『大日経疏』巻二）とあるように我々の日常生活で絶えず生起する苦悩から逃避するのでなく、かえってこれを「善縁」として一層信心を深めてゆくべきだというのが密教の一大特徴である。

「真俗二諦」の意義も、自己の心の外に仏も菩薩も救済も何もない、自己の心そのものの中に、「迷い」と「悟り」の原理が含まれているのである。冒頭にでた「即」という言葉をよく思惟すべきである。皆さんも「生死即涅槃」とか「娑婆即寂光土」とか分ったようなまた分からぬような言葉をお聞きになったことがあるでしょう。「即」

とは実践的な言葉で、本来は理屈が入る余地のない信心成就の刹那の状態を端的に表現する言葉であるが、実際の内容には生死に痛苦した自覚がその根底にある。

「永生」を願い「死」を厭うは我等に共通した心理だが「死」は誰にでも何時かは訪れる、「死」を率直に認めるところに「生死の苦」から解脱できる道が開けるのである。

しかし我々が迷い・業苦・煩悩に苦しむといっても、たかだか知れている、本当に我々の深い業苦を我に代って黙々として耐え、常時修行を積んで下さっている如来の大悲に思いをはせる時、心から頭が下がる。

因《ちなみ》に『秘密三昧耶仏戒儀』によれば次のように述べられている。

十方諸仏の清浄性海は湛寂円明《たんじゃくえんみょう》にして本より生滅なく、広大無碍にして無相無為常寂滅相なれども、諸の衆生、諸の妄想煩悩のために浄心を迷覆《めいふく》せられて、覚せず知せず、昏昏黙黙《こんこんもくもく》として、貪瞋癡の毒、日夜に焼溺し、六賊攻劫し五欲纏縛《てんばく》す。昏狂すでに盛んにして覚知するところなきを愍《あわれ》む。この輩を愍念《みんねん》して大悲より化身を流演し、不生にして生じ、無相にして相を現じ、仮に言説《ごんぜつ》を起して去来を示現す。

如来の大悲とは同情ではない、衆生の苦しみを我が苦しみと感じる悲しみである。これを悟れば自分一人で歎《なげ》き悲しんでいると思っていたのが、何と、如来は我が心の奥底で黙々と自分に代って業苦に耐えて居られる、しかも一言の不平不満も洩らすことなく。

我等真言行者は日常の勤行において、「五大誓願」の一つとして、衆生無辺誓願度と唱えているが、これは如来が我等に向けられた誓願であって、とうてい我等が個人的に発せられる願ではない。

「自然法爾《じねんほうに》」は如来の救済の根本原理であるが、我が業苦に感応して如来の大悲を感得した時、自分と無関係な抽象的存在としてすませなくなり、血の通った人格を帯びた如来様として心から礼拝せずにはおられなくなる。

自分の外に「霊魂」のような仏を想定する誤りを正すため、「如来」とは無相・虚空・阿字本不生であり、菩提心であると種々説かれるが、実際に逆境に於て、救いを求め、大悲の恵みをうけ、如来の無上の方便を実感した時、人は自分の身口意三業を通して、当然人格をもった生身の仏様に己の罪障を懺悔し、仏より賜った身心に感謝の礼拝を捧げずにはおられない。密教曼荼羅にびっしりと埋めつくすように諸仏・諸菩薩が描かれているのもこの意からであろう。

　真理を当体とする諸尊を人格化するのは、自己の心の中に無限の価値を見出し、有限なる自身の内面に無限の仏心を蔵していることを覚知すれば、当然身口意三業に顕現してくる。この時、礼拝される如来も礼拝する我も共に「自心」である。以上の境界を空海は『念持真言理観啓白文』で述べておられる。

> 諸仏も法界なれば、我身中に在り、我が身も法界なれば、諸仏中に在り。我が身業をもって諸仏の身に入れば、我れ諸仏に帰す。諸仏の身を以って我が身業に入れば、諸仏護念したまう。我が口業《くごう》を以って仏の口業に入れば、諸の功徳を讃す。
>
> 仏の口業を以って我が口業に入れば、説法教授したもう。我が意業を以って仏の意業に入れば、我れ仏を知り且つ自心を知る。仏の意業を以って我が意業に入れば、法界蔵を開いて我が心に悟入す。諸仏の万徳具足円満して、眷属《けんぞく》囲繞《いにょう》すれば、我れもまた万徳具足円満して、眷属囲繞せり。一仏の功徳広大無量な

れば、無数の如来の功徳無辺なり。

（7）

我が心身と如来は別のものではない。「**迷えるものを衆生と名づけ、悟れるものを諸仏と名づく**」の如く、体《たい》から見れば如来と衆生の別はない。皆不生の生であるが、現実界である義に於ては判然とした区別がある。

我は菩提を求める立場にあり、我を救い給うのは仏である。我には如来のような無限の力はない。我がしなければならないことは、何を置いても成仏を不断に求める菩提心を持することである。我等が一心に菩提心を忘れずに仏の教えを信じていけば、仏はそれに応じて加持力を以て応じて下さる。信心は信受、信解《しんげ》とも信知とも云われる。仏教の信仰は何か特定の神を熱狂的に信ずることではない。自分というものを深く信じ知る自覚道である。故に昔から仰信《ぎょうしん》という言葉はあるが信仰とは云わぬ。信心というのが本来の仏教用語である。明治以降に入ってきた基督教の影響により信仰という言葉を用いたのである。信仰というと、どうしても信じ仰ぐ対象を想定し、信じる自分と信じられる対象（神）とが一つになってしまう。つまり信ずる方向が外に向いてしまいがちである。信心とは自心を信ずることで、信心の内容は自心を内へ深く内観する自覚道であり、信知・信解とある如く知る内容も自心であり、信知する主人公も自心である。自心の深く広い内容が仏心に連なっている。因に基督教では、我と神は絶対に相入れないもので、仏教のように我が成仏するということはあり得ず（成神ということはない）、救う神と信じる人間はハッキリ区別される。故に信仰ということは神の恩寵により救われることであろう。自覚道でない為、いよ〳〵熱烈な祈りをささげるが、最後の審判迄いかないと救済も証明されないのかも知れない。

如来の加持力がいかに偉大であっても、それを信じ受ける心がなければ無きに等しい。信心決定《けつじょう》は我の第一に為す仕事である。悟を求めている自身はどういうものであるか、何故求めるのか、果して自分は仏の救済にあづかる資格があるのか等、徹底して宿業の身である自分を掘り下げていくことである。仏に属する神通力や救済力を我等が真似る必要はなく、又できるものではない。悟りの境地をいろいろ想定して、煩悩のない清浄の無相の世界を求めるのはいいが、仏果に至る基礎である信をみがいていかなければならぬ。信心が深まれば仏果は自然と成就する。成仏を目指すのはいい

が、基礎がしっかりしていなければ、幻の如き観念の修行になる。空海は、密教徒として必ず持すべき戒として三昧耶戒を説き、

もし善男子善女人、比丘比丘尼、清信男女等あって、この乗に入って修行せんと欲《おも》わんものは、先づ四種の心を発すべし。一には信心、二には大悲心、三には勝義心、四には大菩提心なり

『三昧耶戒序』

と先ず第一に信心を記している。また『大智度論』には、

仏法の大海は信を能入とす。（中略）若し信を生ずる者あらば、歓喜を得んと。此の偈の中には、施・戒・多聞・忍・進・禅・慧の人、能く歓喜を得と言わず。独り信ずる人のみと説けり。仏意は是の如し。我が第一甚深の法は、微妙にして、無量無数不可思議なり。不動・不倚・不着にして、無所得の法なり。一切智人に非ずんば、則ち解すこと能はじ。故に信力を以て初めとす。慧等に由って而も初めて仏法に入るには非ずと。

『大智度論』

つまり、禅定や智慧等をいくらみがいても所詮有限な生死の凡夫には不生、無相の不思議の仏智の世界はわからぬ。只信心によってのみ入ることができると。仏教の展開する絢爛《けんらん》な思想哲理は他の宗教の及ぶ所ではない。特に密教になると総合的にあらゆる教えを円満に網羅し、哲理は勿論、その実践法も禅から念仏等全てを包含しているので、理想成就の仏果に眼を奪われ、悟りを求めていくのはいいが、一番肝腎な信を忘れ、無上妙果の方にばかり注意がいき、かえって仏の功徳である神通力や現世利益というものに執してしまう。いかに渇するが如く修行し、真言を称えても第一の基礎ができてないので、いくら修しても砂上の楼閣の如き求道心《ぐどうしん》である。この信心をしっかりみがいていけば自然法爾の加持力により自然に仏果に導かれるのである。寧ろ仏果から信が我等に与えられているのである。信は因の位、信の内容が仏果である。如来の大悲と衆生の信心は一体不二である。如来の大悲をうつす鏡が我等が信心、また如来誓願（我を救おうという）から生じたものが信である。如来より生じた信であるから仏因の信によりて無上妙果に自然と連っているのであり、結果は如来にまかせるばかりである。我らの何を置いても成すべきことは信の確立である。

加持とは、如来の大悲と衆生の信心を表す。仏日の影、衆生の心水に現ずるを加といい、行者の心水、よく仏日を感ずるを持と名づく。行者もしこの理趣を観念すれば、三密相応するが故に、現身に速疾に本有の三身を顕現し証得す。

『即身成仏義』

とあるように、信は如来の行を信じ、真言（具体的には如来に加持された真言）を誦するのである。如来の大悲を信受することにより、如来の加持力により我身全体が救われる。普通、教えがあり、それを信じてから、実践するように信というものが軽く考えられているが、如来の大悲の行を信受する時、即如来に帰入していくのである。行と信が離れない、如来の大行によりわが信は成就し、わが信によって如来の大行も生きた救済力と成る。入我我入が成り立つのもこの道理からである。精神集中して仏と一体になったり、離れたりする所謂メイソウ法と根本的に異る点である。この場合は如来の行でなく自分の瞑想観念力をこらして仏に近づいていこうとするので、どうしても限界がある。一時的に精神集中できたとしても、又元に戻ってしまう。なぜなら精神を集中しようとする自分と集中される心が二つに分れるからである。

もろもろの大悲行願円満するをもって有情の福智の資糧の成就するところなり

（金剛頂一切瑜祇経）

の如く、如来は行を成就した願力（衆生を救おうという誓願）つまり真言の加持力によるが故に、我等がそれを素直に信受する時、即身に成仏ができるのである。

（8）

真言とは何かについて述べてきたが、さてこの真言という言葉は単なる言葉でなく、大日如来が、迷い苦しんでいる我等衆生を救おうという大誓願により、人間の言葉を通して顕現した如来の言葉である。真言という言葉について、

真言とは梵には漫怛羅《まんとら》という。即ちこれ真語・如語・不妄・不異の音なり。竜樹の『釈論』にはこれを秘密号といい、旧訳《くやく》には呪という。正翻には非ず。

（大日経疏）

とあるように、元々インドのマントラという言葉を中国で翻訳すると、以上の五義に当るのであるが、他に密語・密言・陀羅尼・明等の異名がある。ここで注意しなければならぬ点は、呪文と真言を混同することである。呪とは仏法が漢地に伝わる前、世

間の呪禁《しゅきん》法があり、神験を発し災患を除いていたので、このダラニも神通を発して苦を除く点が一部相似していることから用いた翻訳語であるが正しい訳でないと空海も注意して専ら真言という語を使用している。

呪文は古くからどんな原始的な宗教にもある。その起りは、人類が神に対して個々の願望を祈る言葉から来ているが、時が経るに従って特殊な言葉に変っていった。今でも何か特別な神秘的な現象を期待する人間の潜在的欲望にはとても魅力的なものかも知れない。呪文そのものはたいして意味がないようであるが、言葉そのものの響きに何か特殊な力があるのではないかという願望と、それに附随する効果を高める為の音楽、衣裳・照明・閉鎖的秘密結社等どちらかと云えば陰気なもので、明るくほがらかな呪文というのはあまり聞かない。但し、呪にもそれなりの力があることは否定できない。九字を切りながら呪を誦すれば精神統一しやすいとか、呪の魔力を信じ真剣に行ずれば、それ相応の力を持ってくるものである。学者知識人からは軽視されていながら、多くの大衆に隠然たる力を持っている民間の行者や雑密《ぞうみつ》の祈禱師がそのいい例である。その意味では迷信のみの虚妄な無力なものではない。それだけにインチキ祈禱師が老若男女を惑わす温床にもなっている。釈尊に帰依した神通第一目連や当時の外道の指導者は皆その位の力は持っていた。しかし究極的に業苦からの救いにはならない。呪に欠けているものは懺悔である。あくまでも自我の欲望を又恨みつらみを呪に托して実現しようとするから、心の安らぎということがなく益々殺伐とし、陰険になってしまう。

一部の学者は、真言の根源は原始仏教に於て、釈尊が一般の欲望成就の呪は禁じたが毒蛇などの害を避ける為の呪文は許したことに淵源があると、密教がいかにも迷信的要素があるように説いているが、とんでもない誤解である。真言とはそんないい加減なマジナイから進化発展したものではない。そんな歴史観でしかみられぬからチベットや印度の遺跡を見て密教の源流を捜しあてたと感激しているのである。仏教の歴史にしても、原始仏教から始まり、小乗、大乗と発展し、そして密教として花開き、更に後期タントラ密教はもっと進んでいると云う。しかし反面から見るなら最高に達した仏教が滅亡する寸前に一時的に強く燃焼した頽廃的徒花《あだばな》の様なものではないか。進化論的にみるなら生じたものは滅すのは当然の帰結である。客観的に見るのは学問としての鉄則であろうが、そこには救いを求め菩提心を持して生きてきた人間がいない。

密教、いや仏教の歴史は、悟りを求め自らも救われ、人も救っていく救済の歴史である。密教こそ釈尊が云わんとした自然法爾の世界をより深く、広く説いた教えである。その意味では、密教は原始仏教といわれる釈尊が発見した真実の道理である広大無辺な法界に溯っていく内面の信心の歴史である。

釈尊が発見した無始以来の法の世界を説くのが密教である。無上菩提を求める故、無限に進む。無上菩提とは終りがないということで悟れば終了でなく、更に無数の迷える衆生を救って止まないことを意味している。空海は、密教は、「**病に随って薬を与え、種々の法門を説いて、その迷悟を示し、その帰源を指す**」と説かれるように、密教は、誰もが、いつでも我らが精神の故郷である真如（真理）の世界に帰っていく「**遊証の平路、還寂の大道**」であると述べておられる。

空海の史観については他日にゆずることにするが、注意しておきたいのは救済に関係ない密教史と、連綿と先徳より続いている実際に自分自身がかかわる信心の歴史とは根本から方向が異なるという点である。学問としての密教は後期密教として滅亡するかも知れぬが、自身の信ずる密教はそれでは済ませないのである。密教とは己の救いを外にして客観視できぬものである。

呪と咒という字で昔は所謂まじないと区別し、ダラニの意を一部含んだものを咒とし、般若心経の是大神咒、是大明咒云々の如く使っているが、今ではその区別も曖昧になって同じくまじないの意に使われている。

問題なのは、真言は呪と違うと云うも、真言を現世利益成就の為の手段、条件に使うのは勿論、成仏の為の条件、手段として誦ずることも、実質的には呪文と何ら変りないのである。仏と取引をして成仏救済の為に何万遍称えれば救われる如来の大悲願を込めた真言を呪文にしている。真言は成仏の条件として称えるのではない。為にするものは不純であり真実ではない。

真言とは何かと云うことは、密教そのものの根源である。真言は密教の体であり、我々の救済原理そのものである。理というも当を得ていない。理に止まらず已《すで》に救済を成就している生きた言葉であり、如来の智慧であり、方便である。真実不虚のように、我を救うということに嘘、偽りがない実行力（加持力）を含んだ言葉である。真言は嘘偽りのない真実の言葉、つまりまことの言葉であるから称えれば必ず救われるのである。否真言を称えなければ永遠に救われない。自分の修行の限界を感ずる時に、真言の本当のありがたい味が身に沁みて感じられる。真言を称えることにより我と仏が一致する共通の場に出合う。真言を念仏と云ってもよい。念仏と云えば南無阿弥陀仏を思い出すが、これも阿弥陀如来の真言念誦である。真言と念仏は共通するものがある。われわれが真言にて仏を念ずると、仏は曠劫《こうごう》の昔から我を念じ、呼んでいたことがわかる。真言の中に加持力が具っている。真言は如来の大行である。真言を別に積集修行真実諦語というように、真言は単なる名詞ではない。我らを救う動詞である。真言を誦《とな》えてしばらくしてから救われるのではなく、誦えようと思い立ち一声発する時、即救われていくのである。極端に云えばオーンという言葉には次のような内容が含まれていると空海は説かれている。

唵字に五種の義あり、一には帰命、二には供養、三には驚覚、四には摂伏《しょうぶく》、五には三身（法身・応身・化身）なり

（『秘蔵記』）

これを見れば、真言は自分の為に如来が与えて下さったものである。合掌して真言念誦する姿がそのまま三密成仏である。心に如来の大悲（本誓）を感じ、口に感謝の真言を称え、身に合掌（印を結ぶ）する姿こそ、われらの三業のままに、三密が自然に成就している姿である。何の苦行が入りこむ余地あろう。オンアビラウンケンという一声で助かる。続いて出るのは感謝の真言である。私が称えても同時に仏が称える真言である。自分で称えると同時に仏の称える真言を聞く。仏が我が身を通して真言にて我を呼んで下さる。我が救済を求めて称える真言だが、心を虚《むな》しうして静慮する時、即同時に仏が我を必ず助けんと呼んでいる。これが真言である。これを真言救世者《ぐせしゃ》という。

(9)

「陀羅尼はこれ如来の秘密語なり、ゆえに古《いにしえ》の三蔵、諸の疏家、みな口を閉じ筆を絶つ。」(『般若心経秘鍵』)との如く、一般仏教では、悟りの究極の所は言葉で表現できないと説くが、密教の立場は寧ろ逆に究極の真理は言葉で説かれなければ真の救いならないと説く。

真実というものは、所謂《いわゆる》無常の生を超え、死を超え一貫して変らないものでなければならない。

この真言の相は一切諸仏の所作にもあらず、他をして作《な》さしむるにもあらず、また随喜したまわず。何をもっての故に。この諸法は法として、かくの如くなるをもっての故に、もしくはもろもろの如来出現し、もしくはもろもろの如来出でたまわざれども、諸法は法爾として、かくのごとく住す。いわくもろもろの真言は法爾の故に　（大日経具縁品）。

如来の身語意は畢竟じて平等なるをもっての故に、この真言の相は声字みな常なり。常なるが故に流せず、変易《へんにゃく》あることなし。法爾にしてかくのごとく造作の所成にあらず。もし造作すべくば、すなわちこれ生ずる法なり。法もし生ずることあらば破壊すべし。四相に遷流せられて無常無我なり。何ぞ名づけて真実語となすことを得んや。この故に仏自ら作すにもあらず、他をして作さしむるにもあらず。たとい能作ありともまた随喜したまわず。この故にこの真言の相は、もしくは仏の世に出興し、もしくは出世せず、もしくは已説、もしくは未説、もしくは現説、法は法位に住して性相は常住なり、この故に必定印と名づく。衆聖は道同なり。すなわちこれ大悲曼荼羅の一切の真言と一一の真言との相は、みな法爾なり　（『大日経疏具縁品』）。

以上、重要な文なので長く引用したが、この真実というものがなければ我々は生きることも、死ぬこともできない。環境が如何に変ろうと自分にとって不変のまことがあるならば、我々は安らかに死ぬことができるし、いかなる苦悩にも耐えていくことができる。こういう真実というものが、すでに何かの形で我等に与えられておるに違いない。

つまり釈尊の仏教、仏陀の悟りというものは、そのような真実《まこと》の道理（法）を二千五百年前菩提樹下に於て発見せられた。この真理を説いたものが種々の経典であるが、その経典の内容は皆真言という象徴された救済の言葉のいわれを詳説したものである。法華経にしても大無量寿経にしても大日経にしても皆仏を念じれば救われると説く。その具体的端的実践法が真言を誦することにあると密教は説く。密教の目から見れば、無量寿経に説かれている功徳の総てが南無阿弥陀仏という真言に象徴される。法華経の内容は、観世音菩薩の悟りの境界を説いたものであるから観世音菩薩の真言、オンアロリキヤソワカという真言に象徴される。大日経の云わんとしている一切がオンアビラウンケンの真言に象徴されている。象徴とは無形のものが形をとるということである。真如というものは色も形もない無相無我、不可得、不可称、不可思議なものであるが、それでは我等は永遠にわからぬ。それが如来の大悲加持力により、大槃涅槃の功徳の全てがオンアビラウンケンという真言に於て、現実の事実として、大行として、涅槃の徳自らが具体化する。それが象徴である。象徴というのは、全体がそこにあり、包含すること、ここに一切があるということである。この短い真言に仏説の総てが象徴される。その真言をいただき誦する時、この有限なる自身に無限なる仏の功徳が感応し、この身このままで仏に等しくなる。これを即身成仏と云う。象徴は人間がするものでない。自然法爾の加持力により無形の真実が、我等迷いに苦しんでいる衆生を救わんとしてやむにやまれず形を取って真実の方から具体化して下さる。

如来自証の法体は仏の自作にもあらず、余の天人の所作にもあらず。法爾常住なれども、しかも加持神力をもって世に出興し衆生を利益したもう。今この真言秘密の身口意は、すなわち法仏平等の身口意なり。しかもまた加持力をもっての故に、世に出現し衆生を利益したもう。如来の無礙知見は、一切衆生の相続の中にありて、法爾に成就して缺減あることなし。この真言の体相において、実の如く覚らざるをもっての故に、名づけて生死の中の人となす。もしよく自ら知り自ら見る時は、すなわち一切知者・一切見者と名づく。この故にかくの如くの知見は仏の自ら造作したもうところにもあらず、また他に伝授したもうところにもあらざるなり。仏、道場に坐してかくの如くの法を証しおわって、一切の世界は本よりこのかた常にこれ法界なりと了知して即時に大悲心を生じたもう。いかにぞ衆生は仏道を去ること甚だ近くして、自ら覚ること能わざると。故にこの因縁をもって、如来、世に出興して還ってかくの如くの不思議法界を用いて、種々の道を分作し、種々の乗を開示し、種々の楽欲の心機に随いて、種々の文句方言をもって、自在に加持して、真言道を説きたもう。（「秘密曼荼羅十住心論」）

再度長い引用になったが、何故真言道を説くのかについての重要な論証なので敢えて記す。この文を引くのは、我等は仏界に生れながらそれを知らずして迷っている。そういう姿を見た如来は、ついに見るに見かねて我等を救おうと立ち上った。この如来のやるせない大智、大悲、方便が真言に象徴されているからである。象徴とは毒にも薬にもならぬ抽象化したものでなく、生命が躍動し、具体的に我等衆生を救う生きた言葉である。仏、菩薩と云えばどうしても自分に相対する感じがするけれど、真言そのものが已に如来である。如来を念ずる言葉が真言、又如来が我等を念じている言葉も真言である。そういう意味では仏がいようといまいとかまわない。真言さえ忘れずに誦していくならどんな時でも、誰でも、何処でも我等は真実の世界に帰入していくことができる。真言を誦するに理屈はいらぬ。法然上人が『一枚起請文』に

（念仏は）観念の念にも非ず、又、学文（問）をして念の心を悟りて申す念仏にも非ず。唯往生極楽の為に南無阿弥陀仏と申して疑なく往生するぞと思いとりて申す外に別の子細候《そうら》わず。

と述べている如く、真言を誦す時も、何も精神統一して身心清浄になって誦しなければならぬと云うわけでない。寧ろ、精神統一なぞできぬ我等の為に真言はあるのだから、益々自信を持って誦していけば、そのまま自らに精神統一した以上の功徳が満ち〳〵てくるという意味である。

真言は不思議なり、観誦すれば無明を除く、一字に千理を含み、即身に法如を証す。行々《ぎょうぎょう》として円寂に至り、去々《ここ》として原初に入る、三界は客舎の如し、一

心はこれ本居《ほんこ》なり。

（『般若心経秘鍵』）

我等は真言を口にする時、一瞬なんて短い、妙な言葉だろうと思い、お経を読んだり、坐禅し瞑想にふける行に比較すると何かもの足りない感じを抱くかもしれない。せいぜい真言を何千遍誦すれば、これこれの功徳があると云うので誦しているが、なぜ真言が生れてきたか、その深いいわれを遡っていくなら、他ならぬ業苦に苦しみ、しかもいかなる行を実践しても解脱できぬ自分自身の為にあるのだと納得するであろう。そうすれば真言の一語一語が身にしみて響きわたるのである。我が誦する真言はかすかな声であるが、広大な真実法界に響き渡る天上天下唯我独尊の叫びである。百万巻のお経を誦す功徳も、瞑想ヨーガの功徳も真言念誦に及ばない。密教と云えば神秘的で且つ又閉鎖的なイメージが強いが、真言宗と云えばより真言の意味が明確になる。一つの宗派でなく真言を宗《むね》（体）とする教えである。真言で始まり真言で終るのが我が空海の開いた教えではないか。已に真言宗という名に明らかに我らの進む道を示しているではないか。真言を外にして何のヨーガ瞑想か、已に道あり。それは真言念誦の道である。真言は老若男女、僧俗に関係なく誰でも何時でも称えられる絶対他力の易行道《いぎょうどう》である。

（10）

真言は総て梵語で書かれ発音されているので、専門家を除けば真言宗の僧侶も詳細には知らない。意味のわからぬ真言を称えれば当然呪文めいたものになってしまう。真言について誰でも疑問に思うのは今自分が誦する真言はどういう意味を持っているかということである。真言も極端に云えば一字に千理を含みと云われるように、阿字（𑖀）一字が大日経総ての内容を秘めていると説いている。

所謂阿字はすなわち大日の種子真言なり。この経はこの一字をもって躰となす。
この経の始終はただこの字義を説くのみ。

『大日経開題』（法界浄心）

この意味で真言を総持《そうじ》と名づく、

陀羅尼を総持と名づくる所以《ゆえん》は、一字の中に一切の法文を含蔵す。たとえば大地の一切の諸物を含持するが如し。（『秘蔵記』）

絶対無限の真理を我等が有限なる言語では倒底言い尽されるものでない。不生不滅、不増不減等、否定型で云うか、いっそのこと小賢しい己の智恵を捨て去り、不可称、不可説、不可思議と、真如そのものに稽首礼拝する以外あるまい。

この真理が果して言葉で表現できるか否かが、現に顕教の先徳の御苦心なされた点である。真如の具体的象徴である真言の内容は量り知れぬものである。筆を断つか、かの維摩居士《ゆいまこじ》が、真如をより明確に示したように沈黙するかである。又、禅に、言っても言わなくとも痛棒をくらうという公案があるように、真如というものは、ことばで完全に表現できるものではない。さりとて黙っていればもっとわからない。釈尊が成道直後の沈黙の時期も如実にこの問題を語っている。我等の日常使用している言葉は分別というか、自我中心の理論から成立しているので、どうしても知る主体と知られる客体と二つに分れてしまう。仏教で云う悟り、信心ということは、知識としてものの理を知るというのではなく、冷暖自知、感応道交の如く体で感じ知る、頭だけでなし骨の髄まで痛知することで、信知《しんち》とか信解《しんげ》という言葉で表わされる。無形無色の真如が宿業を背負う我が身を感ずると、我が三業（身語意三業）が仏の三密に包まれる、入我我入という表現をとる。三業から三密への道は、自身の修する観念力では至難の行である。ここに加持力をもった総持なる真言行のありがたさがある。真言を通して如来の悟りの世界を知らされる。真言と経典の関係も、真言の内容を説いたのが、『大日経』を始め、たくさんの経典である。真言というものは、どのような因縁で生れてきたのか、又、真言を念誦すれば何故救われるのか、何故真言にそのような救済力があるのか等を微に入り細に入り説いているのがむしろ経典であると云ってよい。

真言宗と言われる程、真言が重大な筈なのに、あまり大日如来真言について云わぬ。根本仏大日如来の真言より、不動尊や毘沙門天の真言がより親しまれている。真言ではないが南無大師遍照金剛という宝号を真言宗の根本真言だと思っている人も多い。

マンダラの諸尊の数の如く真言も大変多い。短いものは一字の種字《しゅじ》から小呪、中呪、大呪と、一尊について三つも真言がある場合もあるし、その上、金胎両界で真言が異なる場合もあり、なか〳〵複雑である。有縁《うえん》の真言を称えればいいかと云っても、どこに焦点を置いていいかわからぬので各本尊ごとにバラバラになり、根底に流れる真言の意味が見失われてしまう。時代によって、光明《こうみょう》真言が流行したり、阿弥陀如来や諸天の真言を誦すことにより功徳が増すと宣伝したことがあったが、ただ功徳という効能を云うだけで、真言とはどういうものか、何故真言を念誦しなければ救われないのか、どうして諸の真言があるのか、真言を称えることにより我等が救済されるという経証はどこにあるのか、誦する回数と信心とどういう関係にあるのか等、真面目に考える者なら当然持つ疑問であるし、又僧侶もそこから諄々と真言のいわれを説いていかねば、まともな人は納得しないし、反って従来通りの誤解された密教観を強めるばかりである。

南無阿弥陀仏という唯一の真言で通した浄土教の方が、狭いが余程深くつっこんで真言（念仏）ということを教えの体として究明している。又南無妙法蓮華経という御題目を唱え勇ましく進んでいる日蓮聖人にしても、ある意味では真言のもつ一端を彼なりに体得している。鎌倉仏教諸宗が所依経典としている『無量寿経』にしろ、『法華経』にしろ、念仏、題目を称えることにより成仏するという論拠は、既出の『大日経疏』をよく読めば自然とうなずける。法然上人は、弥陀の四十八願の第十八願や「順彼仏願故」から念仏成仏の証を得た。空海の『法華経開題』または『十住心論』第八住心を読めば「南無妙法蓮華経」という題目も密教の真言の影響を受けていることがうかがわれる。それに比べるなら『大日経』の神話物語抜きの極めて緻密で論理的な真言のいわれの文（前項9に一部引用）を読むなら、無理なく真言の力強く、深く、且広い慈悲、智慧、方便総てに渡って躍動している加持力に出遇うであろう。ここに眼を向けぬなら密教という宝の山に居て居眠りしているようなものである。

何度も述べた様に、真言行が何故絶対他力の易行道かと云えば、如来が我等に代って修行され、その結果得られた功徳を真言に成就されているからである。我等は何の修行もできないか、この真言加持力のいわれを聞信し、感謝し、一心に真言を念誦することにより仏に近づけるからである。今迄それを知らずして不満不平だらけの生活をしてきたことを、心より懺悔し、曠劫来の自分の迷えるありのままの姿を知らせて下さった如来に感謝するばかりである。

しかし、疑い深い我はそれを容易に信じられず、如来から与えられた大行である真言念誦さえ、一つの自分の修行法として私物化し、自分の描いた理想実現の為の手段にするから難行苦行になってしまう。如来より已に与えられている真言であることを知らぬ為、第一歩より迷う。法を求めて百千里の旅に出るのはいいが、求めても求めても真言と自分が別々になり一体にならない。妄念妄想が起る度、貪瞋痴の煩悩に悩まされる度に、それを打ち消そうと必死になって真言を念誦するが、益々ひどくなるばかりである。ここで自分の力では永久に解脱は不可能であると身にしみて感ずる。だからこそ真言の本来のありがたさが身にしみるのである。真言は如来の一切衆生を救おうとする祈りの言葉であるが、それを受ける側の我等の心底から救済を求める、止むに止まれぬ祈りの叫び声でもある。空海が若い頃の仏教界が説く成仏は、三劫成仏という、今生では成仏できない。生れ変り、死に変りして漸次仏に近づこうとする尊くもいたましい難行道であった。現世では成仏できない三劫成仏という絶望感に打ちひしがれたことのない者に、どうして即身成仏の有難味がわかろう。その意味では、空海こそ三劫成仏につき当り悩み苦しまれ、それを乗り越える真実の法門（密教）を求められた先駆者である。

　教相判釈《きょうそうはんじゃく》という教義の優劣を説く学問がある。そこでは、顕教と密教の優劣を云い、自分が優れた密教教団に属して優れた教えと実践法をさずかっているということだけで満足している人も多い。形は密教でも、それを本当に信じなければ顕教、否外道《げどう》かも知れぬ。自身の今いる現実の立場をありのまゝに自覚すれば、たとえ外道であっても即密教に帰入していくことができるのである。ここが密教のありがたい所である。常に自分の現実の姿を照らしているのが密教である。密教という特殊な教団があるのではない。時間、空間、老若男女、あらゆる機根に区別なく平等に照らして下さる真実の教えを密教という。

空海をして『十住心論』を書かしめた智慧が密教である。自分が今どこに居るかわからぬから迷う。自分の場所がわかれば自ずと道は開かれる。自分がどういうものであるか本当に何もわかっていなかったと自覚する時、一文不知の自分であると深い自信がつく。

「若し実の如く我を知る時は、当に身の無畏を得べし」（大日経住心品）

真実、真理というのは自分で作れるものではない。真実に照らされて初めて非真実である自分がわかる。その時は畏れるものはないことを身に感じる。

秘密主、云何《いかん》が菩提とならば、謂く実の如く自心を知るなりの秘密主、是の阿《あ》耨多羅三藐三菩提《のくたらさんみゃくさんぼだい》（無上等正覚）は、乃至彼の法として、少分も得べきこと有ることなし。何を以ての故に、虚空の相は是れ菩提なり、知解の者も無く、亦開暁《かいぎょう》のものも無し。何を以ての故に、菩提は無相なるが故に、秘密主、諸法は無相なり。謂く虚空の相なり　（同）

本当にどうしてもわからない。どうにかしようと自分でいろ〳〵教えを学び実践するが、いざとなると何ら役立つものがない。自己の三業を三密に清めようとするが、すればするだけ益々宿業の身であることが明確になるばかりである。無相の法を求めても不可得である。我等が知らねばならぬのは無相の仏でなく、自分自身のことである。寧ろ有相《うそう》に即さねば無相がわからぬ。有相なる宿業を背負った自身を外にして無相なる真如は理解できない。目に見えるものを通して我等は目に見えない無限の世界に接することができる。さすれば有相のものは無相の象徴である。煩悩が菩提を証する如く、生死が涅槃を、迷いが悟りを、我らの仏を求める真言が、仏の我等を救う真言の証《あかし》となっているのである。

故に仏前に自身の身語意三業の一切を懺悔することが、即、業より解脱する証明である。これは我が力で為すのではなく、如来加持力により自然と仏界に帰入せしめられていく道である。この真実と非真実という矛盾するものが、真言という一点によりお互いに相手を証し合う。仏が衆生を証明し、衆生が仏を証明す。有限が無限を、無限が有限を、迷いが悟りを、悟りが迷いを照らす。ここに於ては矛盾が全くない。円満平等の世界である。

もしよく明かに密号名字を察し、深く荘厳《しょうごん》秘蔵を開くときは、即ち地獄・天堂、仏性・闡提《せんだい》、煩悩・菩提、生死・涅槃、辺邪・中正、空有・偏円、二乗・一乗、皆これ自心仏の名字なり。いづれをか捨ていづれをか取らん

(『十住心論序』)

理論面では各宗で生死即涅槃と云うが、実際問題となると、なか〳〵思うようにいかぬ。わかったようなわからないような抽象的なことになる。それは救済を成就した肝腎要《かなめ》の如来加持力たる真言を信じないからである。

成仏ということは金色の坐禅像の如きものでなく、人間として人格が完成すること

である。人間として生れた因縁に感謝し、最大に活かすことが成仏であれば、何も特殊な変身の原理めいた超人（実際にはあり得ぬが）になることを願う必要はない。

　仏法不思議とは現に与えられている我が身に於て円満な因縁に恵まれている事実を再確認していくことであり、常に信心新にして無始以来連綿と続いている我が歴史的厳粛なる現行《げんぎょう》（現に生きている働き）に感謝することである。自分を深く信ずればする程、粗末にできぬ大事な一生であることが感じられる。自分を信ずることと仏（真如）を信ずることは一である。自分を深く信解できるのは、已《すで》に仏智光に照らされているからである。自身を信解する者には不平不満がない。不平不満があるということは已に自身を信ずる眼が曇っている証拠である。自分に満足できぬものがどうして仏を信ずることができよう。いつ、いかなる環境に置かれてもそこに満足していくなら、常に仏と一緒に居ることができる。

　真言を称えることにより、いつでもそこへ帰れる。帰ることができるのは、もともとそこから生まれ出でてきたからである。自然法爾の世界は不生の生、生れ出づる以前の世界である。真言を念ずることに於て、不生と生が一致し矛盾しない。所謂《いわゆる》入我我入である。真言は法爾の世界から我等を助けようとして出てきた。又同時に我等が喜んで帰っていける本有の故郷が自然《じねん》法爾の世界である。

（11）

真言についてという題で多少重複したが、自分がその都度感ずることを述べてきた。真言密教の体は真言にありと敢えて、真言に重点を置いて述べているが、さりとて観想や伝統的事相を無視する訳でない。それらに入る前の大前提として真言の意味することを信解しなければ、それ以上の修法《しゅほう》に進めぬし、又やっても実のない形式主義に堕し、衆生を一人も救えない自己満足に終るからである。

仏教信徒としてまず第一に為すことは、三宝に帰依《きえ》することである。帰依は帰命《きみょう》ともいう。命に帰する、如来の大命に帰することで、絶対無限なる如来（真如）に無条件に身心共に五体投地して帰依することである。いかに戒定慧三学を学ぶとも、三宝（仏・法・僧）を信じ帰依しなければ、仏法の大海に入れないのである。

帰依は、自身をどこまでも深く信じ、与えられた宿業を自覚し随順《ずいじゅん》せしめて下さる無辺の仏智に五体投地し帰依することであれば、帰依とは信心と考えてもよい。釈尊を首《はじ》め先徳の教えは、皆この信、帰命を通して説かれた仏説で、理論や哲学ではない。本当に己を虚しうして聞法するなら、即救われる教えである。聞いてから実践すると云うより、教えが我が身に沁み込むから、日常生活が本当の仏作仏業に裏付けられ、真の実践になる。何も深山に入り、滝に打たれることだけが修行ではない。釈尊の教えを最初に聞いた行者にしろ、外道にしろ、教えを聞き即自分の誤りに気付くと共に、自分を無始より照らしている久遠の仏智光に無条件に帰依したのである。釈尊の教えを聞いてから修行しなおすという様に時間的に間のあるのではなく、聞即信である。即仏法を信ずることにより従来の実践の方向、意味が一大転換するのである。迷いから悟りを求める行が、悟りから迷いを救う如来の行を信ずることに変ってくる。

悟ったと云っても宿業深い自身であれば、内面には無限に、未だ救われざる衆生がうごめいている。一切衆生とは全人類とか生き物全てという外面的意味より、我が内面に深く広がる無数の衆生である。故に一切衆生とは自分のことである。肉身の我は独りかも知れぬが、内面には無数の我が犇《ひし》めいている。故に我一人が救われるならば、無数の先祖や一切衆生が救われる証《あかし》となる。又、我が救われないような教えなら他人にも自信を以て言えないのである。一転愚鈍なる我ではあるが、自分が信ずるか否かにより、一切衆生が救われる証となるのである。

帰命を通した言葉であれば三歳の童子にも、臨終間際の老人にもわかるものである。博識の学者がいかに専門用語を振り回しても、仏前に稽首礼拝《けいしゅらいはい》し五体投地する心がなければわからないのである。せいぜい言葉の言い代えで、やたらサンスクリットやチベット語を多用させるだけである。

さて、真言はどういう意味か、というなら、長短の別はあるが、真言の根幹を為しているのは、次のことである。真言に帰命し誦する者を必ず助けるという、大慈から生れた実際に救済する力（加持力）をもった言葉を真言という。我等衆生の方から云えば、どうか助けて下さいと無条件に誦《とな》える言葉が真言である。

長い真言とて間の修飾語を取れば、「帰命大日如来」つまり、オンアビラウンケンにつきる。大日如来の諸の功徳として、諸尊の誓願がある。つきつめれば「帰命……仏、……菩薩、……明王、……天」の形をとり、大日如来が衆生の機根に応じて諸尊の形で出興したまうのである。

南無、オーン、ナウボウ、ナウマク等は皆帰命の意で、あらゆる真言の頭に必ず付く。帰命するのは我等の責任、それを救うのは如来の仕事であり、我等は帰命（信）

したあとのことは考える必要はない。

何故帰命が重要かと云えば、自分の力では永遠に業の苦海を脱することができないからである。自分の力には限界がある。呼吸も心臓も自分の意識の力で動かしているものでないし、我が生老病死とて自由にできない。もし自分の力量でどうにかなるならば、帰命という、大自然というか、目に見えないが自分を育てる大きな覚性に感謝する気持は涌いてこない。我《が》の強い我は、自分の利益の為になら利用、妥協し、神仏に頭を下げるが、本心では頭なんかさげる気持なぞ毛頭ないのである。その証拠に、自分が不幸になったり、思うように行かないことがあると、すぐ不平不満を云い、どうして自分だけが運が悪いのかと、神も仏もあるものかとふてくされる。仏様は我等に皆仏性があると、どこまでも我等を信じて下さるが、肝腎の我等は、仏様には絶対頭を下げぬ強情なものであると言う方が、真の相《すがた》かも知れない。この我利我利の我《われ》が、仏に掌を合せ頭を下げるというのは余程のことである。下げるというより、下げざるを得なくなる程、絶望するか、我が身の程を知らされる時である。

いざという時には、日頃頼みにしている金銭、権力、知識、親兄弟親戚友人等誰も自分に代ってくれるものはない。いざというのは、生老病死である。このまゝ迷い中で、何ら解決されず死んでいくという むなしさ、悲しさ、恐ろしさ、くやしさである。愛別離苦、怨憎会苦《おんぞうえく》、求不得苦《ぐふとくく》、五陰盛苦《ごうんじょうく》等、愛憎も含んだ所謂《いわゆる》四苦八苦から解脱する後生《ごしょう》の一大事である。つまり成仏するには、世俗的なものを頼んでは不可能である。帰命は祈りであり、信心である、帰命には理屈がない。知識も功徳も経歴も何も役に立たない。一切を捨て南無する他ない。その南無する具体的な方便《てだて》が真言である。

自力の一切が無効であるから、如来の前では老若男女が本当に平等になる。善も悪も、憎も俗も、無知も知識も碍《さまたげ》にならぬ、法を求め帰命する時は一切が平等である。

帰命は空間的（横）にのみならず、時間（縦）的にも平等なのである。つまり、帰命の瞬間にはいつも無条件、過去も未来も現在の帰命の一念におさまる。昔、信念を獲得した経験があっても、今、精神統一できなくとも、妄念に悩まされていても、そのまゝで帰命大毘盧遮那如来オンアビラウンケンである。常に帰命の一念に立って真言を称えることである。

一度帰命したからもう済んだのではない。そんな生易しい業・煩悩ではない。如来の力が無限なのは、救わるべき衆生の内容も無限の宿業をもっているからである。故に帰命に於ては、弘法大師も我等も皆平等で何ら遠慮するところはない。

仏前に五体投地するが、仏前と言っても自分の外に仏が居る訳ではないが、自分の三業に感応道交する仏に向って合掌するのである。形は礼拝だが、自分が本当の自分に礼拝するのである。この帰命の刹那に於て、我等は久遠《くおん》の釈尊に遇うことができる。霊鷲山《りょうじゅせん》の法座に連なり如来の法に接することができる。また空海弘法大師の教えを今直接に聞くことができる。

自身が無始以来の宿業に悲しむ時、無始以来たゆまず我を信じ照らし、我に説法し呼び給う如来を感ずることができる。仏説とは、空間、時間を超えて直接に語りかけるものである。それは帰命を通さねば永遠に聞こえない。帰命の前景は己の業に深く懺悔することである。一文不知の身となって初めて不可得、不可思議の不生の世界に帰入することができる。此に帰命と懺悔は切ってもきれない関係にあるのである。帰命以前の迷いの生は懺悔によって終り、帰命によって真実の生に帰ることができるのである。

故に我等は何ら畏《おそ》れる必要はない。どんな不幸におそわれても、妄念妄想に覆われても已に帰る道がある。それはオンアビラウンケン念誦の道である。

（完）

初出　「多聞」（昭和53年第7号〜第17号）

「弘法大師」と「空海」の呼称に思う

真言密教を我等に教えて下さった空海について種々の尊称がある。弘法大師様、高祖大師、お大師様、大師、空海大師、弘法様、その他幼名真魚《まお》、教海、如空、遍照金剛、空海和上、弘法大師空海等種々の呼称がある。俗に「大師は弘法にとられ、太閤は秀吉にとられる」と云われる程、大師と云えば弘法大師、つまり空海のことで、日本人なら誰でも知っている尊称である。

実際大師号をもらった大徳は数知れぬが、大師号で人口に膾炙《かいしゃ》している高僧は希である。見真大師とか円光大師と聞いてもその宗旨の人はいざ知らず、一般人で親鸞聖人、法然上人のことだとわかる人は少ない。昔から日本各地に伝わる大師信仰や、大師伝説で有名なのは御承知の通りである。

扨て、我々はこれらの種々の呼称をどのように用いたらよいのか。ただ空海と云うのは呼び捨てにしているようで失礼になるのではないか、又お大師様と親しみをこめて云うのもいいが、他宗の人の前ではどうかと思う。日蓮宗の信者が、日蓮大聖人と尊称するのはいいが違和感を覚える。それを持ち上げて一つの権威の蔭でものを言う品のなさがいやなのである。我が真言宗でも、やたらに、〃お大師さまが、お大師さまが〃と大師をもち上げるが、実際はひいきのひき倒しにしている布教師が多い。

歴史上の人物は一応名前に尊称は付けない。最澄、空海、道元、法然、親鸞、日蓮等呼び捨てにしている。しかし、お釈迦様だけは釈迦と云っては失礼であるし、釈迦族の意味とまちがうので、昔から「釈尊」とお呼びしている。仏教徒であれば当然のことである。

各宗旨それ〴〵宗祖には特別の敬意をこめてお呼びしているし、それはそれでよい。宗内の人、信者を相手にする場合は、心が通じているから当然尊敬と親しみをこめた呼び方をする。

前述の如く、宗内と宗外で云う場合は区別して使ってもいいと思う。宗門内で云う場合は、お大師さまの方が親しみがある。しかし、公の場では、いろんな宗旨の人もいるし、何もお大師さまの教えに帰依している人ばかりでないのだから、寧ろ空海の方がいい。そして、他の宗旨の開祖をお呼びする場合は、尊称をつけるべきである。

道元禅師とか親鸞聖人とか云うように、我が大師の場合は、「我が空海」と云う方が、スケールも大きいし、世界の空海に連なっていると思う。ここで、〝お大師さま〟〝高祖大師〟と言ったら自ら密教を一部の信者のみの狭い意味に限定してしまう気がする。何々先生とか、何々大僧正と呼ばれるようでは未だ歴史的に評価が定着していない証拠である。宗内の偉い人が、お大師様のことを空海と呼び捨てにするのはけしからんと云っているが、空海の教えが、狭い大師信仰に終るならいざ知らず、これから二十一世紀、世界に広げるスケールの大きい、実際に救済力を待った密教であるなら、寧ろ虚空蔵の如き智と慈悲の大海を象徴する「空海」こそふさわしい御名ではないか。尤も、弘法大師の大師はもはや一真言宗の開祖というより、日本の仏教界の弘法大師の意で尊ばれていることは確かである。しかし更に世界の密教となるには「わが空海」の方がふさわしいと思う。

我等は、大師と言えば弘法と云われる程の偉人の教えに遇うことができた喜びと共に、その教えを自分が証明していく責任がある。空海の教えは、各自が自分自身の宿業に即して、如来加持力が、不断に自身にふり向けられていることを自覚し、同時に自分で教えを実践し歩んでいくことが衆生を救う証明にもなる。何も弘法大師の偉徳を慕って御詠歌を唱え、四国を巡礼することだけではない。それはそれで結構なことであるが、大師の教えは、仏様や大師のお慈悲にすがる恩寵的なものでなく、一人一人が自分の宿業をよくよく掘り下げ、自覚し独立独歩してゆき一人一人が金剛薩埵《こんごうさった》として大日如来の仕事を担《にな》っていくことである。

先日ガイアナで狂信徒が、教祖の命令で集団自殺したニュース（一九七八年十一月十八日）が世間を騒がせたが、これ等の宗教は皆、教祖に自分の信心さえまかせてしまう独立心の全く無い集団信仰だからである。

信心は誰が何と言おうと、自分自身で静かに深く信じ知る自覚道である。特に仏教は般若の智慧、つまり迷いの煩悩から醒めた自覚を信心とも悟りとも云う。自分の信心の正邪を証明して下さるのが宗祖の教えである。

その意味で空海は師であると共に同行の先輩である。だからこそ、自分の足で歩むことを教えて下さった大師に感謝せずにおられず南無大師遍照金剛と感謝して称えるのである。一人一人が自分で歩むのが仏教、教祖の下集団で信心し救済されるのはカリスマ的指導者に酔う宗教である。尤も日本の仏教の中にもそれに似た教団もあるが、多くの宗団では、宗祖が背中を押してくれるが、歩むのは自分自身であると説いている。

（完）

（昭和五十四年一月）

如実知自心《にょじつちじしん》

密教と言えば、護摩を焚いたり、印を結び九字を切ったり、神秘的なもので、普通の仏教とは異なり特殊な神秘体験を通さねばわからないのではないか、あるいは特別な修行をしなければ究極的には解らぬ教えで、何か摩訶不思議な呪術的なものと思われているし、一部の密教僧も自分ができないにかかわらず神秘体験を強調するので、世間一般も密教に対しそのように先入観をもっているのである。昔のように神秘体験に敬虔な感情を持つ時代ならまだしも、現今では陰険な薄気味悪いものにしか感じない人々も多い。

『大日経』に出てくる「如実知自心」という言葉はきわめて冷静に密教が自覚道であることを示している。「如実知自心」は、プラスもマイナスもない、つまり劣等感、優越感に左右されず、ありのままに自心をみつめることであり、自覚覚他の悟りのことである。

衆生の自心の実相は即ち是れ菩提なり、有仏にも無仏にも常に自ら厳浄なりといへども、然も実の如く自ら知らざるが故に、即ちこれ無明なり。

(『大日経疏』巻一)

覚る対象は外でもないこの自分自身の心である。マンダラ界に位置する数多の仏、菩薩とて皆、如実知自心の為の方便で、我《われ》を自然法爾の光明で照らし、衆生救度の本誓本願によってこの世に出興なされた諸尊である。阿弥陀仏といい、不動明王といい、観世音菩薩といい皆我を如実に照らしたもうが故に煩悩の雲にさえぎられることなく我が身を信知できるのである。

世尊は、衆生をして実の如く自心を知らしめんと欲《おも》う故に、更に方便を以って分別し演説したもう。

(同)

十住心論の各住心も、ありのままの機根を自覚した実相である。自心を知るとは、身の程を知ることである。宿業の身、煩悩具足の身であるということを痛感することである。普段、衆生に皆仏性があり、煩悩などは客塵だと教えられ我は仏に等しい、不生の世界に入れば生仏不二だと教えられ、上の方ばかり見ているので、我が身の程を知らぬ。仏界のすばらしいことを説く教えは数多いが、身の程を教える教えは甚だ少ない。光明無量、遍照金剛の如来は何の為にあるのか、私と別個の存在としてましますなら、キリスト教や回教の絶対神と何ら変らぬ。我に関係ない外神、外仏であり、信じようとしなければ我をどうすることもできぬ相対的神仏である。

仏教でいう仏とは、それらの神と異なる。仏は人間と共に誕生した。人間の願いに応じてこの世に出興された。しかるに、神は我等と無関係にこの世を造られたので、天地万物を創造する前から神は存在するのである。そのようにキリスト教の神学ではいう。言うだけのことで、その神を誰が造ったかは問わないし、又、神が絶対である証拠もないのである。絶対神であるのに、人間の争いはおさえられない。悪魔の誘惑に弱い人間を造っている。故に、神の名の下に今でも世界各地で戦争が断えないのである。全智全能の神と云ってもそれは絶対神を望む人間の願望が投影した神にすぎぬものだからである。故に神の存在証明は彼等の大問題である。道理で推していくと無理矛盾が出てくるので奇蹟やこの世の終末がくるということで茶を濁ごす。奇蹟以外に神の存在は説得できないからである。

＊

仏教でいう如来とは、我の本当の姿、いわゆる実の如く自心を知らしめんが為、誓願を以て我を光明無量、遍照金剛の真理の光を以て照らし給う。これ皆我が本性が仏と等しいことを証明せんが為である。つまり仏をぬきにしては衆生たる我もないし、衆生を抜きにした仏もない。苦海に迷っている衆生が、不生の生たる真如（真理）の鏡にうつるが故に、真如はうつっている衆生の姿を見るに耐えられず、即時に助けんと立ち上った。真如というのは元々色も形もない無限なるものであるが、何もしないわけではなく即具体的に真如の鏡にうつった有限なる具体的宿業に応じて、仏、菩薩の姿をとって我の前に出興されるのである。つまりわが宿業の自覚が仏を呼ぶ、又同時に、われのいかんともし難い業の自覚に慄然とする時、仏の我を呼びたもう声を聞くのである。

いかんぞ衆生は仏道を去ること甚だ近くして自ら覚ること能わざると。故にこの因縁をもって、如来、世に出興して……真言道をときたもう。

（『大日経疏』巻七）

仏が我ら衆生と関係なく存在し、信心のあるものは信仰するし、無いものは無関係というものではない。我は現実の宿業から解脱せんと叫び、救いを求める。これに対し仏は煩悩無尽誓願断等の四弘誓願《しぐぜいがん》に応じ、見るに見かね、救わずは止まぬと大慈大悲を以って、顕現なされた真如の具体的姿が仏である。大悲といっても抽象的な悲愍でなく、実際に救済する願力、加持力を持っている。仏は人類と共に生れた。仏は我と切っても切れぬ関係にある。如来から見ればわれら衆生は自分の分身である。分身たるわが子を深く信じているからこそ救わんとするのである。自分と仏とは不可分の関係にある。

＊

再三述べるが、仏教では真理を「如」とか、「真如」「一如」といい、如来と言えば如より来たるの意で、如来の如実に映し出す鏡にうつった迷い苦しむ衆生を救《たす》けんと立ち上り、衆生の方に歩まれ来たった姿を如より来生する、如来と呼ぶのである。真如と言っても我が身心の外に存在するわけではない。本来の我が心も真如と等しいものである。心が心を証明していくのである。

心自《みずか》ら心を証し、心自ら心を覚《さと》る。この中に知解の法もなく、知解のものもなし。

（『大日経疏』巻一）

＊

『大日経』に詳述してある六十心の如く我が心は広くて深い、千々に乱れ、縁に応じて千変万化するが、千変万化するのはもともと虚空の如く、浄らかで無量だから、自由自在だからである。心そのものに実体はない。これが心の本質だと摑み得るものはないのである。摑むことかできぬものを摑もうとするから千々に乱れ悩む。もともと不可得なるものである。虚空の様な無限なる世界を有限なるこの手で摑もうとするから不可得の無限地獄に堕る。

心不在内、不在外、及両中間、心不可得

（『大日経疏』）

三界は皆ことごとく衆縁より生ず。其自性を求むるに都《すべ》て不可得なり。

（『大日経疏』巻一）

我れは有限なる宿業の身であると共に無相不可得なる心に於て仏と切っても切れぬつながりがある。有限でありながら無限を内在内包している。仏からいうなら無限でありながら有限なる業を内包している。我から言うなら心を通じて仏とつながり、仏から言うなら業を通じて衆生とつながっている。

*

仏は我に無自覚的仏性の覚醒をうながす為の大智大悲を以て大方便を起こす。仏は光明を発し、光明に照らされた如実のわれらが業身を通して、我を不生の真如界に導き招きたもうのである。無碍の光は一時的には我の眼を奪い地にも天にも踊る位歓喜するも、やがては消えさる。光明のみに目を奪われると神秘主義に陥り易い。神秘主義は我と仏の境が曖昧になり、自分が神仏になったと錯覚し、更に高じると神の啓示とか、異言を言ったり、幻覚、幻聴に恍惚となるケースが多々ある。我と仏との関係は二而《ににして》不二《ふに》、機法一体というが、それぞれ分際がはっきりしている。仏教の悟りは必ず諸仏の証明を要す。独断論ではない、そこが明確でないと、己と神が一体で区別がつかなくなり、自称神になってしまう。

＊

仏教でいう光明は我を照らす観照の光で、仏に照らされ我が身の如実の姿が証せられる。煩悩の雲に覆われている我身を三六〇度から照らすという意味から、尽十方無碍光如来ともいう。さまたげる（碍）ものがない光、どんなに煩悩の雲霧に覆われても問題としない如来の大慈大悲から生れた加持力が救って下さるということである。

燦然と光り輝く仏法を讃嘆するのは、無明を破する光だからである。その光を自分で摑もうとする所に迷いが生ずる、偶々光に当り我を忘れてしまう。新興宗教の教祖様は大抵この類である。我が真言宗の中でも神秘体験を強調するあまり、憑依神や一時的感情の高ぶりで悟ったと誤解する人が居る。

宿業の自覚たる懺悔心がないから、一心に仏を憶念する気持にもならない。帰命の心が涌いてくるのも、我が身の程を痛感せしめられるからである。仏はただ独りおられるか、否常に衆生と共におられる。業が我と仏を結ぶ重大な要である。この仏と衆生が二にして不二であることを象徴しているのが真言である。

＊

仏（真如）は摑めるものではないし、求めても得ることは不可能である。不可得とは一面から見るなら、求めても得ること不可能という非常、絶望的な言葉である。何かを摑もうというのは我ら煩悩具足の人間の生来の習慣かもしれぬ。その為に種々の方便を仏は立てられたのである。しかし一見可得に見える成仏道も、いざその近く迄行くと、同時に我を離れていくのである。永遠につかめぬ。摑もうという心は、仏を我が外に見ているからである。そこには帰命という無条件なる信心がない。それは、どうしたら摑むことができるかという技術的な成仏術であるからである。

仏が果上の法門より娑婆に迷う我らの為に、機根に随順して種々の大方便にて救済して下さる。この方便は単なる「救済の技術」でない。大悲より生れた方便という具体的な大いなる悲しみである。それは感謝こそすれ我々がとかく真似できるものではないのである。

＊

しかるに我等が悟りを求むる時、何か成仏への秘訣というか、成仏術めいたものに心を囚われていないだろうか。月輪観、阿字観、五相成身観《ごそうじょうじんかん》、その他四度加行《しどけぎょう》にある十八道から護摩法に至る複雑多岐なる修法《しゅほう》を、我等は成仏術にみていないだろうか。数々の修法の存在は如来がいかに衆生を救済しようかという善巧《ぜんぎょう》方便から生じたものである。しかしそれを受ける我は、都てが如来がこの自分を救わんが為に下された大易行道であると感謝し帰依する信心を以て修するのでなければ、永遠に成就しない不可得の法門である。修行次第に従って行ずるなら誰でも行を一応終えることができる。一座の行を終えても只了えただけで何ら実感に乏しい。それは機械的に次第に書いてあるようにやっただけの話、何でもいいから一コース終えればすぐ悉地円満とつらい苦行から解放された喜びで、その内容はあまり問わず、木札に四度加行無魔成満と書き入れる。実がないと八千枚の護摩を何回焚いたとか回数を誇るようになる。そんなもの何回やっても同じことである。

如来の大行をそのまま素直にいただき信ずる所に救いがある。それを成仏術のように説く教えが最近特に多いが、そんな説き方しかできぬので聞く方も何ら実のないトレーニング、メイソウ術に終るのである。如来の大行を己が小行にもちかえてしまっている。不可得とは言い得て妙である。

不可得というのは、宿業の我が小行にては永遠に不可能という如来からの大否定である。仏道の道が閉ざされたと言ってもよかろう。ここに小賢しい成仏術に捉われた自力執心の心は役に立たなくなるのである。一転、不可得なる語は得る必要なし、何故なら、已《すで》に生まれながらにしていただいておる本有の仏性だからである。それを如実に知ることができるのは、素直にそのままありがたくうなづける清浄な心である。摑もう、成仏の秘法をさぐろうという、さもしい根性では永遠に不可得である。

信心にベテランはない。成仏術ならその道の大家が居るであろう、事相の大家といわれる様に。しかし、信心は常に新しく新鮮で純粋でなければならぬ。いつも「この身今生に度せずんば、いづれの生においてか度せん」という帰命の心に立って法を聞き修していかねばならぬ。そこには僧俗の区別はない、皆平等である。

（昭和五十四年九月）

自心に菩提と及び一切智とを尋求《じんぐ》せよ

我等は、生れながらに仏に等しい仏性を持っているというが、日常生活を省るに、常に三毒に汚され、不平不満を以って生活している。一体何が不満なのだろうか。日本人の生活とて、戦後の焼土に佇《たたず》んだ時は今日食う食糧はイモでもカボチャでも大根でも何でもよかった。着る物とて今日の如きファッションなぞ思いもよらぬ。寒さをしのぎ、裸身を覆うものがあればよかった。住居にしても、雨露風雪をしのげればよしとした。当時は飢餓から逃れられることを第一としたので、それらが叶えられれば幸福を感じたものだった。白米のメシでも食べられれば、この世の極楽と思った。

戦後三十数年経ち高度成長をとげた今日、衣食住は戦前と比較にならぬ程向上した。三種の神器といわれた高級品も、もう普通の品となった。しかし、物が豊富になっただけ精神的に不平不満を感ずるようになった。福祉が完備しただけ不平が増した。昔なら親の不注意で子供がドブに落ちて死んでも、ひたすら申し訳ないと謝《あやま》ったものだが、今は、国に何故ドブにフタをしなかったかと賠償金を請求する。又昔は年寄を公の施設に入れるのを親不孝であると不名誉に考えたが、今では養う能力があってもタダで国が面倒みてくれるから、しないと損とばかり老人ホームに送り出す。

物が不足し人心がすさんだ結果ならまだしも、事はその逆である。物には何も罪はない。物は寧ろ豊かになった。その方が一層便利であるし、ありがたいことである。要は、心の持ち方にある。自らに無限の徳を与えられている心の豊かさを忘れたことにある。政治的にいうのではない。こう言えば現実に目をそむけさせる体制側の論理というかも知れぬが次元が違う。政治経済で解決すべきものと、できぬものぐらい明瞭にしよう。

戦後の苦しさを知らぬ人でも山登り等の経験はある筈である。山に登る時は衣食住に於てあまり贅沢は言っておられぬ。渇した時の一杯の清水は甘露そのものであるし、狭い山小屋とて野宿に比べれば御殿に等しい。人間は環境次第でその欲求も変る。物が不足している時は、物に対しありがたいという素直な気持になり、感謝の気持さえ涌いてくる。戦前の社会は幸福とは心の持ち方にあり、物質によるものではないことを教えられていたし、一般常識としても持っていた。

生死巌頭に立つ我等の現実を直視する時、日頃の不平不満は、もはや我等の存在を根底からゆり動かす問題ではなくなる。豪華な料理にしろ、最新のファッションにしろ、高級邸宅に住もうと、生老病死を代表とする四苦八苦の前には塵のようなものである。以前の生活を知る人には現今の物質生活は恵まれ過ぎているといっても過言ではない。

物質に対する不平から、ずっとつきつめていくと、生死に対する恐れに変り、本当に幸福になろうと苦しみもがいても、益々不安がつのるばかりである。この世の財富では解決できぬ生死の大問題につき当り、愚かな我は生死を越える妙法はないかと理想を追い求める。そのような理想をを飢えるが如く求めるも、なかなか得られぬ。仏教こそ生死を越える道だと求めても、この身の程も知らぬ、外に幸福を求める心では解消されない。仏法はいつでも平等に我が姿を照らし、我が本有《ほんぬ》（生れつきそなわっている）の仏性を証しているのであるが、三毒煩悩に眼を覆われ、外へ外へと幸福を求める我には、我が心中に宝がありながら見えないのである。

いずれの方法も無駄無効と自分の限界を認めざるを得なくなり、絶望の極に立たされる時、始めて我が身をふり返らざるを得なくなるのである。我が業、執着心が外から内へ、我が身へ眼を引き戻すのである。外へ向いていた心がやっと内に向けられる。生死を越える妙法を期待していたが、それも不可得となった今は、生死をそのまま認めざるを得ない。あれ程厭《いと》うた生死ではあるが、ここにありのまま受け入れざるを得なくなった。どうにかしようと思って為す全てのことが皆無効となり、始めて不思議にも、そこにどうにもしなくてもいい、生死のままで満足できる素直な気持が生じてくるのである。自然に生じてくるのであり、自分がとかく作意した心の持ち方によるのではない。憎み厭うた生死が自分をして生死のままで安住できる心にしてくれる。生死だけでなく、あらゆるものがもう已《すで》に自分に与えられているではないか。今迄《いままで》不平不満ばかり言ってきたが、ひるがえって静かに考え懺悔する時、感謝しても感謝しきれぬ程の恩恵を受けているではないか。このように自分を内観できるのもこれ皆如来の大悲心、加持力のおかげである。わが力ではない。

こういう眼で聖教《しょうぎょう》を拝読すると、大師が指さしている教えの根本が、皆我が心身を内観せよというところにあることに気付くのである。全ての答えが我が心身にある。心外に仏がいるのではない。

五智四身は十界に具して欠けたることなし。悟れるものをば大覚と号し、迷えるものを衆生と名づく。衆生癡暗にして自ら覚るに由《よし》なし、如来加持してその帰趣を示したもう。

（声字実相義）

生れ生れ生れ生れて生《しょう》の始めに暗く、死に死に死に死んで死の終りに冥《くら》し。

（秘蔵宝鑰）

『大毗盧遮那経《びるしゃなきょう》』に、秘密主、仏に問うてもうさく、「世尊、云何が如来応供正遍知、一切智智を得たもう。かれ一切智智を得て、無量の衆生《しゅじょう》のために広演分布したもう。乃至かくのごとくの智慧は何をもつてか因となし、云何が根となし、云何が究竟《くきょう》とする」と。大日尊答えたまわく、「菩提心《ぼだいしん》を因となし、大悲を根となし、方便を究竟《くきょう》となす。秘密主、云何が菩提《ぼだい》とならば、いわく実の如く自心を知るなり」と。

（『十住心論』序）

秘密荘厳心とは、即ちこれ究竟して自心の源底を覚知し、実の如く自身の数量を証悟す。所謂《いわゆる》胎蔵海会の曼荼羅と、金剛界会の曼荼羅と、金剛頂十八曾の曼荼羅これなり。

（十住心論）

それ仏法はるかにあらず。心中にして即ち近し。真如外にあらず、身を棄てていずくにか求めん。

（般若心経秘鍵）

いずれも大師の著作の真言密教とは何かという眼目を述べる言葉である。我等が不平不満を招くのは何か心に満たぬものがあるからである。心に満たぬというより煩悩心に満たぬ。煩悩というのは欲がたとえ叶えられても、その瞬間、またそれ以上に欲しくなる無限の飢渇地獄である。我が生来与えられている不生の心そのものは、心そのものに満足している仏仏相念の曼荼羅界である。

マンダラ界とは我等に正に与えられている無限の宝庫である。曼荼羅を別に三密円満具足とか輪円輻輳《ふくそう》（車の輪の如く諸仏の功徳が円満に具っている）、輪円具足《りんえんぐそく》ともいわれるように、如実に現在只今の我が心身に感謝礼拝するなら、外ならぬ自心に於て、求め得ずして、広大無辺の自然法爾の世界に触れることができるのである。
マンダラの具体的説明は学者によっていろいろなされているが、信心のない人が説明しても、やたらに理屈ぽいこじつけにすぎないものになり、マンダラの活きた働きというか、大地から涌き上る菩提心の躍動が感じられない。マンダラ界の諸尊は皆苦界に迷う我等衆生を救わんと誓願をもって生れてきた。誰の為でもない、この自分を救けようと真言を以って我を呼び給うのである。マンダラを説く学者の説明を聞いて救われなければ意味がない。マンダラが、言説ではわからぬから絵像に画いて、よりわかり易くしようと説いたものであるなら、なおさらである。自分が救われたという信心の立場からマンダラを解していかぬかぎり、四種曼荼羅は久遠に理解できず、せいぜい美術品観賞の対象にしかすぎなくなる
マンダラこそ我に已《すで》に与えられている悟りの世界だと思う。我に不平をいう資格なぞない。寧ろ感謝してもしきれぬ程の仏と無量の恩にはぐくまれて今迄生きてきた。父母の恩、衆生の恩、国の恩、仏の恩の四恩に感謝する時、開顕する我が内面の世界がマンダラ界である。ここを忘れて、金胎は理智だとか男女だとかいって何になろう。我等真言行者の先ず何を措いても為すべきことは開顕された仏果であるマンダラ界の

説明ではない、その因を為す所の信心である。宿業を恐れず黙々と自心を信じ菩提心をみがくことである。基礎を忘れるから摩訶不思議な通力や神秘体験に眼を奪われ、空海の開いた真言密教と似て非なる外道に堕するのである。因を踏まえていけば果は自然に開けるのである。問題は自分の信心の不純を不断に反省し、我心の汚れを自覚することにより、清浄なるマンダラ界が自然に開顕してくるのである。我心の汚れの自覚が深い程、清浄なる仏界の広大無量さを知らしめられるのである。

密教の悟りは、顕教でいう無常観や不浄観或いは少欲知足というような消極的な態度でない。内に無限の宝庫を蔵しているからこそ外物に迷わされることなく自身に与えられている無尽蔵の功徳を開顕していくことができるのである。内なる無形の悟りは当然形をとって外に顕われてくる。単なる心の満足に終らず、迷いを救おうという心は種々の方便を発して宿業に悩む我等を救う。これ自利利他の現世利益である。この自分が救われるならば、この事実が又他人をも救っていくのである。

菩提心を因と為し、大悲を根と為し、方便を究竟と為す。（大日経住心品）

本有《ほんぬ》の仏、如来蔵、仏性、円満具足、輪円具足、阿字本不生等々の言葉を静慮《じょうりょ》する時、皆衆生がもともと仏に等しいこと、悟りは外に求むべきものでなく、已に我が身心に成就されていることを再認識することにあり、と説いていることがわかる。仏性とは単に仏になれる可能性という意味で済まされるものだろうか。我等衆生には、成仏の可能性というより成仏しなければならぬ義務がある。成仏したいものはすればよいし、したくないものはしなくともよいというような問題ではない。悟れるを仏といい、迷えるを衆生という如く、我等の心身の源底は迷悟以前の不生の自然法爾の世界である。我等は、無意識的に因縁によってこの世に生を受けたものであるが、皆不生の世界から生れたものである。業によりこの世に縁を持つも、根底は不生の世界から生れた不生の生である。われらがこの世に生れた義務は、今生に於て二度と生死を繰り返さぬよう、迷いから解脱することにあるのだと釈尊は考えられた。大師も成仏は凡人が到達でき難い理想でなくして、受け難き人身を受け、遇い難き仏法に遇った者の当然の義務であると説かれた。大師の提唱された即身成仏とは、一切衆生が成仏できる道である。生れ変り死に変りして何万人に一人成仏できるか否かという三劫《さんごう》成仏であってはならないということである。

空海は已に千百数十年前にこの三劫成仏について徹底して考えお悩みなされたのである。成仏というものは確かに凡人からみるなら至難のワザであり、宿業を背負ったこの煩悩多き身ではとても今生ではむつかしい、次の生でも難かしいと尻込みしてしまう。

しかし、大師空海はこの身、今生で成就できないような仏法では無意味ではないか。密教とは少数の聖者の為の仏法か。それに漏れる所の無数の衆生を救うことができないなら無上仏でもないし絶対の真理でもない、相対的な生滅していく教えではないか、と徹底して追求した結果出遇ったのが密教の〝加持力〟である。この身に於いて今生に成仏できる、否《いな》成仏しなければならぬとする「即身成仏」の道であった。空海は一般仏教では遥か彼方の到達点と考えていた成仏を出発点に戻し、我等凡夫が誰でも何時でも、何処でも帰命できる真言道を開いて下さったのである。

しかるに、大師以後この大道を歩む者が少くなり、せっかく一般大衆が入り易い大道を、三劫成仏に等しい至難の小路にしてしまった。今、宗門では大師入定千百五十年御遠忌事業に募金しているが、肝腎の即身成仏がどこかへ行ってしまっては、いくら大師の業績をたたえても大師はお喜びにならないと思う。

（昭和五十四年十一月）

常に信の一念に帰るべし

「常に信の一念に帰れ」これは信心生活している行者全てが肝に銘ずべき言葉である。信の一念とは、如来に常に加持されているということを身に沁みて知る時である。仏書を読み善知識に遇う度に我等は自分の信心が一層深まっていると錯覚しがちである。もう百万遍以上真言を誦えたのだからベテランであろう、功徳もかなり積んだ筈だ、なのにどうして心が明るくならぬのか、又少しぐらい御利益があり幸せになってもいいのではないかと疑問を持つことがある。一時的には非常にありがたい気特になり、一所懸命真言を称え、寺にも詣り、善知識の説教を聞き感激し、なんて自分は罪深い人間なのだろうと心から懺悔し、心身が洗われる気持にもなったろう。これこそ真実の仏道だと夢中になって坐禅もした。しかし、今どうも心に満たないものがある。あの感激はどこへ行ったのだろう。自分はやはり機根が秀れていないからか、他にもっとすばらしい教えがあるのではないかと迷う。目先のいわゆる御利益のみの為の利己的信心ならいざ知らず、少くとも自分は大菩提心を起こし、真実の道を求め、最終的に密教という即身成仏の道に出遇った筈なのにと。

真剣に求める人程この問題に突き当るのである。あの第七地の菩薩でさえ「沈空の難」に陥るという。衆生を救おうと菩薩は一大誓願をたてたが救っても救っても迷える衆生が苦海に無限に犇《ひしめ》いている。永遠に終らぬ徒労であると、御自身の尊い大行にむなしさを覚える。この世に一人でも救われぬ衆生がいたら私は成仏しないと誓願をたてられた菩薩様でさえ一時迷うという。それに比すれば煩悩にみちみちている我等が途中で迷うのは当然すぎることである。

しかしよくよく考えてみれば、ここでようやく本当の信心の道が始まるのである。信地に足のついた、逆境から立ち上る底力を持った本物の信心が沸き出るのである。信心決定《けつじょう》というものを我等は一度だけのもので、あとはありがたい光明につつまれた平和な信仰生活に入ると思っていはしないか、これだけの行をしたのだから、それ相応の果報があってもいいのではないか、真言を誦すれば無明を除くというが、どうも実感が涌かないとか、信心というものが幸福獲得の為の条件としてみられていないか、確かに信心ということは従来の生活が一大転換するくらいの精神的にも大きな体験である。しかしそれに腰をかけ執着して俺はもう信心が確定したと思うなら、その瞬間、増上慢に陥り信心が不純になり始める。煩悩具足の凡夫とは常日頃口にする言葉であるが、ここに万鈞の重みを持って我に迫ってくる。何か依り所を求めたいという気持から道を求める。有形の金銭・兄弟・友人は無常で頼るに価いしないことはよく知っている。それで神仏に頼る訳であるが、それさえもいつの間にか個人的救済の避難港にしてしまい、苦しい時の一時的安慰の場としてしまっている。菩提を求める心もいつの間にか幸福追求（悪いことではないが）の手段に汚してしまっている。如何に精神統一しようとあせっても追い迷った煩悩の波が又押し寄せてくる。

真言密教のすばらしさを毛頭疑う気持はない。その法は益々高く尊い、しかしそれに比して我が現実の信心は、現行《げんぎょう》の内面の心は何ておそまつなのだろう。法が光り輝く程、我が機の闇黒の様相が痛感される。たまらなく寂しくむなしい気持になる。

しかし此に於て、だからこそ密教は生れたのだ、この様な特別に修行もできぬし、戒律や教学も瞑想もできぬ我等が為に密教は生れたのだと。自分の心が暗いと悩んでいる我は、ここに自心の暗黒の内面を已《すで》に照らし給う如来に気付く。暗い暗いというが、暗闇にいる者にどうして暗闇がわかろう。先徳の行蹟は我等を導く灯であり、今まで闇黒をかすかに照らす灯明に見える。上根上品の人格者の道を歩もうとすれば真に消えかくれするローソクの光にも満たぬ至難の道である。しかし、よくよく考えれば、自心の闇黒に悲しむということは自心がもはや如来の光に照らされているということではないか。悟りが現実のことなら迷いとて過去でも未来でもない現在の実相、事実である。我のありのままの姿が迷いの姿である。煩悩に悲しみ悩んでいる姿が嘘偽りない我であり、仏に照らされたありのままの姿である。もうごまかしもかざることも無用である。これ如実知見である。如来の前に何ら偉ぶった信心の格好もいらぬ。助けようという如来の声に裸で真先に駆けていけばよい、駆けていくという表現も当を得ていない。照らされて我が煩悩具足の姿が無条件に信じられる厳粛な事実である。ここではあれ程厭うた煩悩も気にならぬ。気にならぬばかりか、この貪瞋痴の執着心があるからこそ如来に出遇うことができた。執着心は如来が我を目覚ます為の方便かも知れない。煩悩がなければ、ありがた屋の浮かれた信仰になっていたに違いない。神仏の光に目がくらみ我を忘れた自己陶酔的信仰になっていたろう。仏教の信仰は浮かれた熱狂的なものでも神懸り的おめでたいものでもない。悲しさ寂しさの宿業の底から涌いてくる静かな中にも燃えるような自信を秘めた自覚道である。神秘体験に浮かれないのは煩悩があるからである。宿業の自覚があるから徒らに有頂天になれぬ。浮かれようとしても身口意三業が大地にしっかり足をおろしてくれる。業、煩悩が信心をみがいてくれる。なまじ自己啓発の瞑想法なんてやるから心身一体、色心不二になれば精神が朦朧となり、どこか次元の異なる世界に飛んでいってしまうのだろう。そんなものは一時的に精神が異常をきたしていたのかもしれない。独り山林洞窟にでも入って一生瞑想にふけるならいいが、娑婆に生きる我等は又現実に戻ってこなければならぬ。一生瞑想で過ごせれば幸せであるが、夢なら醒めねばならぬ。醒めたこの世が大切なのである。信仰は現世からの逃避ではない。そのような「瞑想」そのものは悪いことではない、むしろ高尚な趣味であろう。

しかし自覚覚他の道ではない。密教には「六大無碍にして常に瑜伽なり」とか「三密加持すれば速疾に顕わる」等、一見瞑想に似た表現法を多く使用しているので密教の三昧は精神統一の下に行なう神通力ぐらいに思っている人が多いかも知れぬ。しかし密教の悟りは三業の自覚であり神秘主義の入りこむ余地がない。即ち明々白々な実の如く自心を知る道である。身口意三業の自覚が同時に如来の大悲三密を感得するのである。自分の業の深さを感じるからこそ、それをどこまでも救おうという如来の三密大悲方便に帰命せざるを得ないのである。自分の三業の深さというのは前述したように無限に続く煩悩の暗海である。とても普通の教えでは救われる手だてがないという底しれぬ悲しさ、寂しさである。この悲しさ寂しさを感ずるのは我独りの世界ではない。自分が感ずる以上に如来が悲しまれている。自分がこの世でたった独りで悲歎に暮れているものと暗い気持でいたが、それは如来の光に照し出された我というより一切衆生の内面の実相である。

我が個人的に苦を感じる背後に、已に如来の広大な大慈悲心がこの苦を感じておられる。このことを知る時、我と如来は一体であると感じる。自分の意志の力で瞑想する。精神統一的一体と意味が違う。我が三業を通じて如来の三密をいただく。三業を消し去り三密に成るのではない。三業のままで三密をいただくことができる。三業と三密が感応道交する。如来の三密が我が三業に感応されたのである。三密の尊さは三業を通すから実感として即身に証せられるのである。三密に証せられれば初めて三業の用《ゆう》（働き）が生れる。今迄の三業は自他を苦しめる三業であるが、如来の三密が三業と感応することを信じるなら、我等の身口意三業が仏の道にかなう。何も三密をこの手に握る必要はない。我等は三業のままで三密に等しい生活ができるのであると密教は説く。

三業を通すから如来のありがたさがわかる。三業の所に如来に帰命できる。三業を忘れると浮かれてしまう。三業を深く知るから責任が出てくる。三業が常に我を励ましてくれる。煩悩が一転して我を導く菩薩となる。冒頭に掲げた「常に信の一念に帰れ」とはこのことである。

菩薩未だ成仏せざる時は、菩提、煩悩となり、已《すで》に成仏する時は、煩悩、菩提となる

（梵網経開題）

密教はこの様に、煩悩に対しても極めて大胆且つ積極的である。厭世観にひたる余地がない。空観に沈む暇がない。我に敵対する業、煩悩が皆仏菩薩となって我を助けて下さる。『理趣経』に十七清浄句というのがあり、「欲箭清浄句是菩薩位、愛縛清浄句是菩薩位」とか「適悦清浄句是菩薩位」とあるように日頃三毒煩悩ときらわれているものが皆如来が我を助ける為の方便となって導いているのだと説く。この十七清浄句の解釈については従来の密教学者の説き方には大いに異論のある所である。彼等は

極めて楽観的に、欲望も密教では否定しない、セックスも肯定もしていると恥かし気もなく云っているが、とんでもない曲解である。行住坐臥の四威儀が皆悟りに関係があることを云っているのであり、セックスだけを取り出しているのではなかろう。そこには何の悲しみも苦しみも出てない。我等は自らの三業の生活をせざるを得ないという現実に如来の衆生救度の業用をいただくのである。

常に金剛の三密の業用《ごうゆう》をもって、三世に亘って自他の有情をもって妙法の楽を受けしむ

（『十住心論』巻十）

業用とは如来の加持力である。如来が我等の為に曠劫の昔より修行なさっている。今現になさっている事実を三業に苦しむが故に我は感得することができる。この如来の一切衆生を救おうという大誓願を憶念する度、我等の信心は常に新たにして清浄になっていくのである。業が深い程、如来加持力も深いのである。空しさ、悲しさを感ずる度に如来の大智、大悲、大方便に感謝するばかりである。

故に常に信の一念に帰るべし。煩悩を寧ろ肥やしにしていく密教の力強さこそ、これから娑婆に生きる我等を救う教えであると益々意を強くする次第である。

（昭和五十四年七月）

あとがき

以前、信者さんから私の本を出してほしいという声があった。六年ぐらい前、新たに文章を書くのも大変なので、いままで寺報『観音坂』や密門会会報『多聞』に書いたものを編集者が集めてくれたのだが、それを、この度出版することにした。編集、校正等は赤坂隆証氏に大変世話になった。

かつて、畏友に「お互い紙屑を残すのは止めよう、余計なものを書くのは、紙くずを増やすだけである。経典と宗祖の著作を読めば十分である」と言われた。耳の痛い話である。それが気になって、今まで出版しないできた。その代わり、織田隆弘先生や田中千秋先生（高野山大学教授）、羽毛田義人先生（コロンビア大学終身教授）の著作『真言秘密瑜伽』を出してきたので、それで充分であると思っていたが、傘寿という人生の節目を迎えた今年、五十年間の自分の信心を振り返り、自分の信心を諸賢に述べることも必要かと考え直した。

小生は宗門の大学で正式に密教学を学んだ者ではないので、従来の密教学とは異なることを述べているかも知れない。最初は密教に反発し、むしろ顕教にひかれた。ただ加持については師匠から目の当たりに法如を示されたことにより、密教の奥深さを知らされ、浅学非才ながら自分なりに空海の教えを一から学び、信じ、実践してきたつもりである。

「真言について」は、四十代前半の文章なので、未熟ではあるが、今の考えとあまり変わっていないので取り上げた、ここだけ見ると、何ら進歩していないようだが、八十歳になっても信心の基軸は変化していないので、信心がブレていないともいえるかもしれない。タイトルの「常に信の一念にかえる」は、結局、自分は何もわかっていなかったところに帰ることでもある。

寺報「観音坂」は、檀家向けに年四回だしている小冊子。「多聞」は密門会の会報である月刊誌で、昭和五十二年七月に先代織田隆弘先生が創刊され、先日五百五十号を迎えた。密門会は、空海の真言密教を出家・在家にかかわりなく、学び実践する会である。

あとがき

小生は特にめずらしい法を説いたわけではなく、隆弘師の教えの根幹である「密教こそ絶対他力易行道の本源也」を信じ、加持法を以って有縁の難病者を救い、真言念誦行を実践し、有縁の方々に弘法大師の教えを説いてきたにすぎない。

詳しくは織田隆弘師の『密教祈祷の秘密』をはじめ、数々の著書（密門会出版部刊）を読んでもらいたい。

令和五年三月十二日、傘寿を迎えて

織田　隆深

織田　隆深（おだ　りゅうじん）

昭和19年	東京都新宿に生れる
昭和41年	早稲田大学第一文学部東洋哲学科卒業
同　　4月	高野山専修学院。 以後、織田隆弘師に師事。実践的加持法を以って教化す。
昭和52年7月	会報「多聞」創刊。以後編集・投稿し、今日に至る。令和5年8月（第555号）
平成6年	密門会会長に就任
平成6年	高野山真言宗金鶏山真成院住職就任
同	青森青龍寺住職就任（平成26年退任）
令和5年3月	『真言念誦について』（密門会出版部非売品）

常に信の一念にかえる

2023年8月30日　第1版第1刷発行

著書	織田隆深
発行所	密門会出版部 郵便番号 160-0011 東京都新宿区若葉 2-7-8　真成院 電話……(03)3351-7281 FAX……(03)5362-7087 http://homepage3.nifty.com/mitsumonkai 振替　00190-3-11998
印刷所	モリモト印刷株式会社

Printed in Japan
ISBN978-4-905757-50-4　C0015